CODE FORESTIER.

CODE FORESTIER,

SUIVI

DE L'ORDONNANCE RÉGLEMENTAIRE

ET

D'UNE TABLE DES MATIÈRES;

Édition

IMPRIMÉE SUR L'ÉDITION ORIGINALE,

ET REVUE

PAR M. BAUDRILLART,

Chef de division à l'Administration des forêts, auteur du Traité
général des eaux et forêts, chasses et pêches.

Paris,

ARTHUS BERTRAND, LIBRAIRE-ÉDITEUR,

RUE HAUTEFEUILLE, N° 23.

1827.

CODE FORESTIER.

CODE FORESTIER.

A Paris, le 21 mai 1827.

CHARLES, par la grâce de Dieu, ROI DE FRANCE ET DE NAVARRE, à tous présens et à venir, salut.

Nous avons proposé, les Chambres ont adopté, nous avons ordonné et ordonnons ce qui suit :

TITRE PREMIER.

Du Régime forestier.

ART. 1er. Sont soumis au régime forestier, et seront administrés conformément aux dispositions de la présente loi,

1° Les bois et forêts qui font partie du domaine de l'Etat;

2° Ceux qui font partie du domaine de la couronne;

3° Ceux qui sont possédés à titre d'apanage et de majorats réversibles à l'Etat;

4° Les bois et forêts des communes et des sections de commune;

5° Ceux des établissemens publics;

6° Les bois et forêts dans lesquels l'Etat, la couronne, les communes ou les établissemens publics ont des droits de propriété indivis avec des particuliers.

2. Les particuliers exercent sur leurs bois tous les droits résultant de la propriété, sauf les restrictions qui seront spécifiées dans la présente loi.

TITRE II.

De l'Administration forestière.

3. Nul ne peut exercer un emploi forestier, s'il n'est âgé de vingt-cinq ans accomplis ; néanmoins les élèves sortant de l'école forestière pourront obtenir des dispenses d'âges.

4. Les emplois de l'administration forestière sont incompatibles avec toutes autres fonctions, soit administratives, soit judiciaires.

5. Les agens et préposés de l'administration forestière ne pourront entrer en fonctions qu'après avoir prêté serment devant le tribunal de première instance de leur résidence, et avoir fait enregistrer leur commission et l'acte de prestation de leur serment au greffe des tribunaux dans le ressort desquels ils devront exercer leurs fonctions.

Dans le cas d'un changement de résidence qui les placerait dans un autre ressort en la même qualité, il n'y aura pas lieu à une autre prestation de serment.

6. Les gardes sont responsables des délits, dégâts, abus et abroutissemens qui ont lieu dans leurs triages, et passibles des amendes et indemnités encourues par les délinquans, lorsqu'ils n'ont pas dûment constaté les délits.

7. L'empreinte de tous les marteaux dont les agens et les gardes forestiers font usage, tant pour la marque des bois de délit et des chablis que pour les opérations de balivage et de martelage, est déposée au greffe des tribunaux, savoir :

Celle des marteaux particuliers dont les agens et gardes sont pourvus, aux greffes des tribunaux de première instance dans le ressort desquels ils exercent leurs fonctions ;

_ Celle du marteau royal uniforme, aux greffes des tribunaux de première instance et des cours royales.

TITRE III.

Des Bois et Forêts qui font partie du domaine de l'État.

SECTION I .

De la Délimitation et du Bornage.

8. La séparation entre les bois et forêts de l'Etat et les propriétés riveraines pourra être requise, soit par l'administration forestière, soit par les propriétaires riverains.

9. L'action en séparation sera intentée, soit par l'Etat, soit par les propriétaires riverains, dans les formes ordinaires.

Toutefois, il sera sursis à statuer sur les actions partielles, si l'administration forestière offre d'y faire droit dans le délai de six mois, en procédant à la délimitation générale de la forêt.

10. Lorsqu'il y aura lieu d'opérer la délimitation générale et le bornage d'une forêt de l'Etat, cette opération sera annoncée deux mois d'avance par un arrêté du préfet, qui sera publié et affiché dans les communes limitrophes, et signifié au domicile des propriétaires riverains ou à celui de leurs fermiers, gardes ou agens.

Après ce délai, les agens de l'administration forestière procéderont à la délimitation en présence ou en l'absence des propriétaires riverains.

11. Le procès-verbal de la délimitation sera

Immédiatement déposé au secrétariat de la préfecture, et par extrait au secrétariat de la sous-préfecture, en ce qui concerne chaque arrondissement. Il en sera donné avis par un arrêté du préfet, publié et affiché dans les communes limitrophes. Les intéressés pourront en prendre connaissance, et former leur opposition dans le délai d'une année, à dater du jour où l'arrêté aura été publié.

Dans le même délai, le Gouvernement déclarera s'il approuve ou s'il refuse d'homologuer ce procès-verbal en tout ou en partie.

Sa déclaration sera rendue publique de la même manière que le procès-verbal de délimitation.

12. Si, à l'expiration de ce délai, il n'a été élevé aucune réclamation par les propriétaires riverains contre le procès-verbal de délimitation, et si le Gouvernement n'a pas déclaré son refus d'homologuer, l'opération sera définitive.

Les agens de l'administration forestière procéderont dans le mois suivant au bornage, en présence des parties intéressées, ou elles dûment appelées par un arrêté du préfet, ainsi qu'il est prescrit par l'article 10.

13. En cas de contestations élevées, soit pendant les opérations, soit par suite d'oppositions formées par les riverains en vertu de l'article 11, elles seront portées par les parties intéressées devant les tribunaux compétens, et il sera sursis à l'abornement jusqu'après leur décision.

Il y aura également lieu au recours devant les tribunaux de la part des propriétaires riverains, si, dans le cas prévu par l'article 12, les agens forestiers se refusaient au bornage.

14. Lorsque la séparation ou délimitation sera effectuée par un simple bornage, elle sera faite à frais communs.

Lorsqu'elle sera effectuée par des fossés de clô-

ture, ils seront exécutés aux frais de la partie re-
quérante, et pris en entier sur son terrain.

SECTION II.

De l'Aménagement.

15. Tous les bois et forêts du domaine de l'Etat
sont assujettis à un aménagement réglé par des ordonnances royales.

16. Il ne pourra être fait dans les bois de l'Etat
aucune coupe extraordinaire quelconque, ni aucune coupe de quarts en réserve ou de massifs réservés par l'aménagement pour croître en futaie,
sans une ordonnance spéciale du Roi, à peine de
nullité des ventes; sauf le recours des adjudicataires, s'il y a lieu, contre les fonctionnaires ou
agens qui auraient ordonné ou autorisé ces coupes.

Cette ordonnance spéciale sera insérée au Bul
letin des lois.

SECTION III.

Des Adjudications des Coupes.

17. Aucune vente ordinaire ou extraordinaire
ne pourra avoir lieu dans les bois de l'Etat que par
voie d'adjudication publique, laquelle devra être
annoncée au moins quinze jours d'avance, par
des affiches apposées dans le chef-lieu du département, dans le lieu de la vente, dans la commune
de la situation des bois et dans les communes en-
vironnantes.

18. Toute vente faite autrement que par adjudi
cation publique sera considérée comme vente clan-
destine, et déclarée nulle. Les fonctionnaires et agens
qui auraient ordonné ou effectué la vente, seront

condamnés solidairement à une amende de 3,000 francs au moins et de 6,000 francs au plus, et l'acquéreur sera puni d'une amende égale à la valeur des bois vendus.

19. Sera de même annullée, quoique faite par adjudication publique, toute vente qui n'aura point été précédée des publications et affiches prescrites par l'article 17, ou qui aura été effectuée dans d'autres lieux ou à un autre jour que ceux qui auront été indiqués par les affiches ou les procès-verbaux de remise de vente.

Les fonctionnaires ou agens qui auraient contrevenu à ces dispositions, seront condamnés solidairement à une amende de 1,000 à 3,000 francs; et une amende pareille sera prononcée contre les adjudicataires, en cas de complicité.

20. Toutes les contestations qui pourront s'élever pendant les opérations d'adjudication, sur la validité des enchères ou sur la solvabilité des enchérisseurs et des cautions, seront décidées immédiatement par le fonctionnaire qui présidera la séance d'adjudication.

21. Ne pourront prendre part aux ventes, ni par eux-mêmes, ni par personnes interposées, directement ou indirectement, soit comme parties principales, soit comme associés ou cautions :

1° Les agens et gardes forestiers et les agens forestiers de la marine, dans toute l'étendue du royaume; les fonctionnaires chargés de présider ou de concourir aux ventes, et les receveurs du produit des coupes, dans toute l'étendue du territoire où ils exercent leurs fonctions;

En cas de contravention, ils seront punis d'une amende qui ne pourra excéder le quart ni être moindre du douzième du montant de l'adjudication, et ils seront en outre passibles de l'emprisonnement et de l'interdiction qui sont prononcés par l'art. 175 du Code pénal ;

2° Les parens et alliés en ligne directe, les frères et beaux-frères, oncles et neveux des agens et gardes forestiers et des agens forestiers de la marine, dans toute l'étendue du territoire pour lequel ces agens ou gardes sont commissionnés ;

En cas de contravention, ils seront punis d'une amende égale à celle qui est prononcée par le paragraphe précédent ;

3° Les conseillers de préfecture, les juges, officiers du ministère public et greffiers des tribunaux de première instance, dans tout l'arrondissement de leur ressort ;

En cas de contravention, ils seront passibles de tous dommages-intérêts, s'il y a lieu.

Toute adjudication qui serait faite en contravention aux dispositions du présent article, sera déclarée nulle.

22. Toute association secrète ou manœuvre entre les marchands de bois ou autres, tendant à nuire aux enchères, à les troubler ou à obtenir les bois à plus bas prix, donnera lieu à l'application des peines portées par l'article 412 du Code pénal, indépendamment de tous les dommages-intérêts ; et si l'adjudication a été faite au profit de l'association secrète ou des auteurs desdites manœuvres, elle sera déclarée nulle.

23. Aucune déclaration de command ne sera admise, si elle n'est faite immédiatement après l'adjudication et séance tenante.

24. Faute par l'adjudicataire de fournir les cautions exigées par le cahier des charges dans le délai prescrit, il sera déclaré déchu de l'adjudication par un arrêté du préfet, et il sera procédé, dans les formes ci-dessus prescrites, à une nouvelle adjudication de la coupe à sa folle-enchère.

L'adjudicataire déchu sera tenu, par corps, de la différence entre son prix et celui de la revente, sans pouvoir réclamer l'excédant, s'il y en a.

25. Toute personne capable et reconnue solvable sera admise, jusqu'à l'heure de midi du lendemain de l'adjudication, à faire une offre de surenchère, qui ne pourra être moindre du cinquième du montant de l'adjudication.

Dès qu'une pareille offre aura été faite, l'adjudicataire et les surenchérisseurs pourront faire de semblables déclarations de simple surenchère jusqu'à l'heure de midi du surlendemain de l'adjudication, heure à laquelle le plus offrant restera définitivement adjudicataire.

Toutes déclarations de surenchère devront être faites au secrétariat qui sera indiqué par le cahier des charges, et dans les délais ci-dessus fixés; le tout sous peine de nullité.

Le secrétaire commis à l'effet de recevoir ces déclarations sera tenu de les consigner immédiatement sur un registre à ce destiné, d'y faire mention expresse du jour et de l'heure précise où il les aura reçues, et d'en donner communication à l'adjudicataire et aux surenchérisseurs, dès qu'il en sera requis; le tout sous peine de 300 francs d'amende, sans préjudice de plus fortes peines en cas de collusion.

En conséquence, il n'y aura lieu à aucune signification des déclarations de surenchère, soit par l'administration, soit par les adjudicataires et surenchérisseurs.

26. Toutes contestations au sujet de la validité des surenchères seront portées devant les conseils de préfecture.

27. Les adjudicataires et surenchérisseurs sont tenus, au moment de l'adjudication ou de leurs déclarations de surenchère, d'élire domicile dans

le lieu où l'adjudication aura été faite ; faute par eux de le faire, tous actes postérieurs leur seront valablement signifiés au secrétariat de la sous-préfecture.

23. Tout procès-verbal d'adjudication emporte exécution parée et contrainte par corps contre les adjudicataires, leurs associés et cautions, tant pour le paiement du prix principal de l'adjudication que pour accessoires et frais.

Les cautions sont en outre contraignables, solidairement et par les mêmes voies, au paiement des dommages, restitutions et amendes qu'aurait encourus l'adjudicataire.

SECTION IV.

Des Exploitations.

29. Après l'adjudication, il ne pourra être fait aucun changement à l'assiette des coupes, et il n'y sera ajouté aucun arbre ou portion de bois, sous quelque prétexte que ce soit, à peine, contre l'adjudicataire, d'une amende égale au triple de la valeur des bois non compris dans l'adjudication, et sans préjudice de la restitution de ces mêmes bois ou de leur valeur.

Si les bois sont de meilleure nature ou qualité, ou plus âgés que ceux de la vente, il paiera l'amende comme pour bois coupé en délit, et une somme double à titre de dommages-intérêts.

Les agens forestiers qui auraient permis ou toléré ces additions ou changemens, seront punis de pareille amende, sauf l'application, s'il y a lieu, de l'article 207 de la présente loi.

30. Les adjudicataires ne pourront commencer l'exploitation de leurs coupes, avant d'avoir obtenu, par écrit, de l'agent forestier local, le per-

mis d'exploiter, à peine d'être poursuivis comme délinquans pour les bois qu'ils auraient coupés.

31. Chaque adjudicataire sera tenu d'avoir un facteur ou garde-vente, qui sera agréé par l'agent forestier local et assermenté devant le juge de paix.

Ce garde-vente sera autorisé à dresser des procès-verbaux, tant dans la vente qu'à l'ouïe de la cognée. Ses procès-verbaux seront soumis aux mêmes formalités que ceux des gardes forestiers, et feront foi jusqu'à preuve contraire.

L'espace appelé *l'ouïe de la cognée* est fixé à la distance de deux cent cinquante mètres, à partir des limites de la coupe.

32. Tout adjudicataire sera tenu, sous peine de 100 fr. d'amende, de déposer chez l'agent forestier local et au greffe du tribunal de l'arrondissement l'empreinte du marteau destiné à marquer les arbres et bois de sa vente.

L'adjudicataire et ses associés ne pourront avoir plus d'un marteau pour la même vente, ni en marquer d'autres bois que ceux qui proviendront de cette vente, sous peine de 500 fr. d'amende.

33. L'adjudicataire sera tenu de respecter tous les arbres marqués ou désignés pour demeurer en réserve, quelle que soit leur qualification, lors même que le nombre en excéderait celui qui est porté au procès-verbal de martelage, et sans que l'on puisse admettre en compensation d'arbres coupés en contravention d'autres arbres non réservés que l'adjudicataire aurait laissés sur pied.

34. Les amendes encourues pas les adjudicataires, en vertu de l'article précédent, pour abattage ou déficit d'arbres réservés, seront du tiers en sus de celles qui sont déterminées par l'article 192, toutes les fois que l'essence et la circonférence des arbres pourront être constatées.

Si, à raison de l'enlèvement des arbres et de

leurs souches, ou de toute autre circonstance, il y a impossibilité de constater l'essence et la dimension des arbres, l'amende ne pourra être moindre de 5o francs ni excéder 2oo francs.

Dans tous les cas, il y aura lieu à la restitution des arbres, ou, s'ils ne peuvent être représentés, de leur valeur, qui sera estimée à une somme égale à l'amende encourue.

Sans préjudice des dommages-intérêts.

35. Les adjudicataires ne pourront effectuer aucune coupe ni enlèvement de bois avant le lever ni après le coucher du soleil, à peine de 1oo francs d'amende.

36. Il leur est interdit, à moins que le procès-verbal d'adjudication n'en contienne l'autorisation expresse, de peler ou d'écorcer sur pied aucun des bois de leurs ventes, sous peine de 5o à 5oo francs d'amende; et il y aura lieu à la saisie des écorces et bois écorcés, comme garantie des dommages-intérêts, dont le montant ne pourra être inférieur à la valeur des arbres indûment pelés ou écorcés.

37. Toute contravention aux clauses et conditions du cahier des charges, relativement au mode d'abattage des arbres et au nettoiement des coupes, sera punie d'une amende qui ne pourra être moindre de 5o francs ni excéder 5oo francs, sans préjudice des dommages-intérêts.

38. Les agens forestiers indiqueront, par écrit, aux adjudicataires, les lieux où il pourra être établi des fosses ou fourneaux pour charbon, des loges ou des ateliers; il n'en pourra être placé ailleurs, sous peine, contre l'adjudicataire, d'une amende de 5o francs pour chaque fosse ou fourneau, loge ou atelier établi en contravention à cette disposition.

39. La traite des bois se fera par les chemins désignés au cahier des charges, sous peine, contre

ceux qui en pratiqueraient de nouveaux, d'une amende dont le minimum sera de 5o francs et le maximum de 2oo francs, outre les dommages-intérêts.

40. La coupe des bois et la vidange des ventes seront faites dans les délais fixés par le cahier des charges, à moins que les adjudicataires n'aient obtenu de l'administration forestière une prorogation de délai ; à peine d'une amende de 5o à 5oo francs, et, en outre, des dommages-intérêts, dont le montant ne pourra être inférieur à la valeur estimative des bois restés sur pied ou gisans sur les coupes.

Il y aura lieu à la saisie de ces bois, à titre de garantie pour les dommages-intérêts.

41. A défaut, par les adjudicataires, d'exécuter, dans les délais fixés par le cahier des charges, les travaux que ce cahier leur impose, tant pour relever et faire façonner les ramiers, et pour nettoyer les coupes des épines, ronces et arbustes nuisibles, selon le mode prescrit à cet effet, que pour les réparations des chemins de vidange, fossés, repiquement de places à charbon et autres ouvrages à leur charge, ces travaux seront exécutés à leurs frais, à la diligence des agens forestiers, et sur l'autorisation du préfet, qui arrêtera ensuite le mémoire des frais et le rendra exécutoire contre les adjudicataires pour le paiement.

42. Il est défendu à tous adjudicataires, leurs facteurs et ouvriers, d'allumer du feu ailleurs que dans leurs loges et ateliers, à peine d'une amende de 1o à 1oo francs, sans préjudice de la réparation du dommage qui pourrait résulter de cette contravention.

43. Les adjudicataires ne pourront déposer dans leurs ventes d'autres bois que ceux qui en provien-

dront, sous peine d'une amende de 100 à 1,000 francs.

44. Si, dans le cours de l'exploitation de la vidange, il était dressé des procès-verbaux de délits ou vices d'exploitation, il pourra y être donné suite sans attendre l'époque du récolement.

Néanmoins, en cas d'insuffisance d'un premier procès-verbal, sur lequel il ne sera pas intervenu de jugement, les agens forestiers pourront, lors du récolement, constater par un nouveau procès-verbal les délits et contraventions.

45. Les adjudicataires, à dater du permis d'exploiter, et jusqu'à ce qu'ils aient obtenu leur décharge, sont responsables de tout délit forestier commis dans leurs ventes et à l'ouïe de la cognée, si leurs facteurs ou garde-ventes n'en font leurs rapports, lesquels doivent être remis à l'agent forestier dans le délai de cinq jours.

46. Les adjudicataires et leurs cautions seront responsables et contraignables par corps au paiement des amendes et restitutions encourues pour délits et contraventions commis, soit dans la vente, soit à l'ouïe de la cognée, par les facteurs, garde-ventes, ouvriers, bûcherons, voituriers, et tous autres employés par les adjudicataires.

SECTION V.

Des Réarpentages et Récolemens.

47. Il sera procédé au réarpentage et au récolement de chaque vente dans les trois mois qui suivront le jour de l'expiration des délais accordés pour la vidange des coupes.

Ces trois mois écoulés, les adjudicataires pourront mettre en demeure l'administration par acte extrajudiciaire signifié à l'agent forestier local ; et si , dans le mois après la signification de cet acte, l'administration n'a pas procédé au réarpentage et au récolement , l'adjudicataire demeurera libéré.

48. L'adjudicataire ou son cessionnaire sera tenu d'assister au récolement ; et il lui sera , à cet effet , signifié , au moins dix jours d'avance , un acte contenant l'indication des jours où se feront le réarpentage et le récolement : faute par lui de se trouver sur les lieux ou de s'y faire représenter, les procès-verbaux de réarpentage et de récolement seront réputés contradictoires.

49. Les adjudicataires auront le droit d'appeler un arpenteur de leur choix pour assister aux opérations du réarpentage : à défaut par eux d'user de ce droit, les procès-verbaux de réarpentage n'en seront pas moins réputés contradictoires.

5o. Dans le délai d'un mois après la clôture des opérations , l'administration et l'adjudicataire pourront requérir l'annullation du procès-verbal pour défaut de forme ou pour fausse énonciation.

Ils se pourvoiront , à cet effet , devant le conseil de préfecture , qui statuera.

En cas d'annullation du procès-verbal , l'administration pourra, dans le mois qui suivra , y faire suppléer par un nouveau procès-verbal.

51. A l'expiration des délais fixés par l'article 5o , et si l'administration n'a élevé aucune contestation , le préfet délivrera à l'adjudicataire la décharge d'exploitation.

52. Les arpenteurs seront passibles de tous dommages-intérêts par suite des erreurs qu'ils auront commises , lorsqu'il en résultera une différence d'un vingtième de l'étendue de la coupe.

Sans préjudice de l'application , s'il y a lieu , des dispositions de l'article 2o7.

SECTION VI.

Des Adjudications de glandée, panage et paisson.

53. Les formalités prescrites par la section III du présent titre, pour les adjudications des coupes de bois, seront observées pour les adjudications de glandée, panage et paisson.

Toutefois, dans les cas prévus par les articles 18 et 19, l'amende infligée aux fonctionnaires et agens sera de 100 francs au moins et de 1,000 francs au plus, et celle qui aura été encourue par l'acquéreur sera égale au montant du prix de la vente.

54. Les adjudicataires ne pourront introduire dans les forêts un plus grand nombre de porcs que celui qui sera déterminé par l'acte d'adjudication, sous peine d'une amende double de celle qui est prononcée par l'article 199.

55. Les adjudicataires seront tenus de faire marquer les porcs d'un fer chaud, sous peine d'une amende de 3 francs par chaque porc qui ne serait point marqué.

Ils devront déposer l'empreinte de cette marque au greffe du tribunal, et le fer servant à la marque, au bureau de l'agent forestier local, sous peine de 5o francs d'amende.

56. Si les porcs sont trouvés hors des cantons désignés par l'acte d'adjudication, ou des chemins indiqués pour s'y rendre, il y aura lieu, contre l'adjudicataire, aux peines prononcées par l'article 199. En cas de récidive, outre l'amende encourue par l'adjudicataire, le pâtre sera condamné à un emprisonnement de cinq à quinze jours.

57. Il est défendu aux adjudicataires d'abattre, de ramasser ou d'emporter des glands, faînes ou

aûtres fruits, semences ou productions des forêts,
sous peine d'une amende double de celle qui est
prononcée par l'article 144.

SECTION VII.

De Affectations à titre particulier dans les bois de l'Etat.

58. Les affectations de coupes de bois ou délivrances, soit par stères, soit par pieds d'arbre, qui
ont été concédées à des communes, à des établissemens industriels ou à des particuliers, nonobstant les prohibitions établies par les lois et les ordonnances alors existantes, continueront d'être
exécutées jusqu'à l'expiration du terme fixé par les
actes de concession, s'il ne s'étend pas au-delà du
1ᵉʳ septembre 1837.

Les affectations faites au préjudice des mêmes
prohibitions, soit à perpétuité, soit sans indication de termes, ou à des termes plus éloignés que
le 1ᵉʳ septembre 1837, cesseront à cette époque
d'avoir aucun effet.

Les concessionnaires de ces diverses affectations
qui prétendraient que leur titre n'est pas atteint
par les prohibitions ci-dessus rappelées, et qu'il
leur confère des droits irrévocables, devront, pour
y faire statuer, se pourvoir devant les tribunaux,
dans l'année qui suivra la promulgation de la présente loi, sous peine de déchéance.

Si leur prétention est rejetée, ils jouiront néanmoins des effets de la concession jusqu'au terme
fixé par le second paragraphe du présent article.

Dans le cas ou leur titre serait reconnu valable
par les tribunaux, le Gouvernement, quelles que
soient la nature et la durée de l'affectation, aura la
faculté d'en affranchir les forêts de l'Etat, moyennant un cantonnement qui sera réglé de gré à gré,

ou , en cas de contestation , par les tribunaux , pour tout le temps que devait durer la concession. L'action en cantonnement ne pourra pas être exercée par les concessionnaires,

59. Les affections faites pour le service d'une usine cesseront en entier , de plein droit et sans retour , si le roulement de l'usine est arrêté pendant deux années consécutives, sauf les cas d'une force majeure dûment constatée.

6o. A l'avenir, il ne sera fait dans les bois de l'Etat aucune affectation ou concession de la nature de celles dont il est question dans les deux articles précédens.

SECTION VIII.

Des Droits d'usage dans les bois de l'Etat.

61. Ne seront admis à exercer un droit d'usage quelconque dans les bois de l'Etat, que ceux dont les droits auront été , au jour de la promulgation de la présente loi , reconnus fondés , soit par des actes du Gouvernement , soit par des jugemens ou arrêts définitifs , ou seront reconnus tels par suite d'instances administratives ou judiciaires actuellement engagées, ou qui seraient intentées devant les tribunaux dans le délai de deux ans , à dater du jour de la promulgation de la présente loi , par des usagers actuellement en jouissance.

62. Il ne sera plus fait , à l'avenir , dans les forêts de l'Etat, aucune concession de droits d'usage, de quelque nature et sous quelque prétexte que ce puisse être.

63. Le Gouvernement pourra affranchir les forêts de l'Etat de tout droit d'usage en bois , moyennant un cantonnement qui sera réglé de gré à gré , et, en cas de contestation , par les tribunaux.

L'action en affranchissement d'usage par voie de cantonnement n'appartiendra qu'au Gouvernement, et non aux usagers.

64. Quant aux autres droits d'usage quelconques et aux pâturage, panage et glandée dans les mêmes forêts, ils ne pourront être convertis en cantonnement ; mais ils pourront être rachetés moyennant des indemnités qui seront réglées de gré à gré, ou, en cas de contestation, par les tribunaux.

Néanmoins le rachat ne pourra être requis par l'administration dans les lieux où l'exercice du droit de pâturage est devenu d'une absolue nécessité pour les habitans d'une ou de plusieurs communes. Si cette nécessité est contestée par l'administration forestière, les parties se pourvoiront devant le conseil de préfecture, qui, après une enquête *de commodo et incommodo*, statuera sauf le recours au conseil d'état.

65. Dans toutes les forêts de l'Etat qui ne seront point affranchies au moyen du cantonnement ou de l'indemnité, conformément aux articles 63 et 64 ci-dessus, l'exercice des droits d'usage pourra toujours être réduit par l'administration, suivant l'état et la possibilité des forêts, et n'aura lieu que conformément aux dispositions contenues aux articles suivans.

En cas de contestation sur la possibilité et l'état des forêts, il y aura lieu à recours au conseil de préfecture.

66. La durée de la glandée et du panage ne pourra excéder trois mois.

L'époque de l'ouverture en sera fixée chaque année par l'administration forestière.

67. Quels que soient l'âge ou l'essence des bois, les usagers ne pourront exercer leurs droits de pâturage et de panage que dans les cantons qui auront été déclarés défensables par l'administration

forestière, sauf le recours au conseil de préfecture, et ce nonobstant toutes possessions contraires.

68. L'administration forestière fixera, d'après les droits des usagers, le nombre des porcs qui pourront être mis en panage et des bestiaux qui pourront être admis au pâturage.

69. Chaque année, avant le 1er mars pour le pâturage, et un mois avant l'époque fixée par l'administration forestière pour l'ouverture de la glandée et du panage, les agens forestiers feront connaître aux communes et aux particuliers jouissant des droits d'usage les cantons déclarés défensables, et le nombre des bestiaux qui seront admis au pâturage et au panage.

Les maires seront tenus d'en faire la publication dans les communes usagères.

70. Les usagers ne pourront jouir de leurs droits de pâturage et de panage que pour les bestiaux à leur propre usage, et non pour ceux dont ils font commerce, à peine d'une amende double de celle qui est prononcée par l'article 199.

71. Les chemins par lesquels les bestiaux devront passer pour aller au pâturage ou au panage et en revenir, seront désignés par les agens forestiers.

Si ces chemins traversent des taillis ou des recrus de futaies non défensables, il pourra être fait à frais communs entre les usagers et l'administration, et d'après l'indication des agens forestiers, des fossés suffisamment larges et profonds, ou tout autre clôture, pour empêcher les bestiaux de s'introduire dans les bois.

72. Le troupeau de chaque commune ou section de commune devra être conduit par un ou plusieurs pâtres communs, choisis par l'autorité municipale ; en conséquence, les habitans des communes usagères ne pourront ni conduire eux-mêmes ni faire conduire leurs bestiaux à garde

séparée, sous peine de 2 francs d'amende par tête de bétail.

Les porcs ou bestiaux de chaque commune ou section de commune usagère formeront un troupeau particulier et sans mélange de bestiaux d'une autre commune ou section, sous peine d'une amende de 5 à 10 francs contre le pâtre, et d'un emprisonnement de cinq à dix jours en cas de récidive.

Les communes et sections de communes seront responsables des condamnations pécuniaires qui pourront être prononcées contre lesdits pâtres ou gardiens, tant pour les délits et contraventions prévus par le présent titre, que pour tous autres délits forestiers commis par eux pendant le temps de leur service et dans les limites du parcours.

73. Les porcs et bestiaux seront marqués d'une marque spéciale.

Cette marque devra être différente pour chaque commune ou section de commune usagère.

Il y aura lieu, par chaque tête de porc ou de bétail non marqué, à une amende de 3 francs.

74. L'usager sera tenu de déposer l'empreinte de la marque au greffe du tribunal de première instance, et le fer servant à la marque, au bureau de l'agent forestier local; le tout sous peine de 50 francs d'amende.

75. Les usagers mettront des clochettes au cou de tous les animaux admis au pâturage, sous peine de 2 francs d'amende pour chaque bête qui serait trouvée sans clochette dans les forêts.

76. Lorsque les porcs et les bestiaux des usagers seront trouvés hors des cantons déclarés défensables ou désignés pour le panage, ou hors des chemins indiqués pour s'y rendre, il y aura lieu contre le pâtre à une amende de trois à trente francs. En cas de récidive, le pâtre pourra être

condamné à un emprisonnement de cinq à quinze jours.

77. Si les usagers introduisent au pâturage un plus grand nombre de bestiaux, ou au panage un plus grand nombre de porcs que celui qui aura été fixé par l'administration conformément à l'article 68, il y aura lieu, pour l'excédant, à l'application des peines prononcées par l'article 199.

78. Il est défendu à tous usagers, nonobstant tout titre et possession contraire, de conduire ou faire conduire des chèvres, brebis ou moutons dans les forêts ou sur les terrains qui en dépendent, à peine, contre les propriétaires, d'une amende qui sera double de celle qui est prononcée par l'article 199, et contre les pâtres ou bergers, de 15 francs d'amende. En cas de récidive, le pâtre sera condamné, outre l'amende, à un emprisonnement de cinq à quinze jours.

Ceux qui prétendraient avoir joui du pacage ci-dessus en vertu de titres valables ou d'une possession équivalente à titre, pourront, s'il y a lieu, réclamer une indemnité, qui sera réglée de gré à gré, ou, en cas de contestation, par les tribunaux.

Le pacage des moutons pourra néanmoins être autorisé, dans certaines localités, par des ordonnances du Roi.

79. Les usagers qui ont droit à des livraisons de bois, de quelque nature que ce soit, ne pourront prendre ces bois qu'après que la délivrance leur en aura été faite par les agens forestiers, sous les peines portées par le titre XII pour les bois coupés en délit.

80. Ceux qui n'ont d'autre droit que celui de prendre le bois mort, sec et gisant, ne pourront, pour l'exercice de ce droit, se servir de crochets ou ferremens d'aucune espèce, sous peine de 3 francs d'amende.

81. Si les bois de chauffage se délivrent par coupe, l'exploitation en sera faite, aux frais des usagers, par un entrepreneur spécial nommé par eux et agréé par l'administration forestière.

Aucun bois ne sera partagé sur pied ni abattu par les usagers individuellement, et les lots ne pourront être faits qu'après l'entière exploitation de la coupe, à peine de confiscation de la portion de bois abattu afférente à chacun des contrevenans.

Les fonctionnaires ou agens qui auraient permis ou toléré la contravention, seront passibles d'une amende de 5o francs, et demeureront en outre personnellement responsables, et sans aucun recours, de la mauvaise exploitation et de tous les délits qui pourraient avoir été commis.

82. Les entrepreneurs de l'exploitation des coupes délivrées aux usagers se conformeront à tout ce qui est prescrit aux adjudicataires pour l'usance et la vidange des ventes; ils seront soumis à la même responsabilité et passibles des mêmes peines en cas de délits ou contraventions.

Les usagers ou communes usagères seront garans solidaires des condamnations prononcées contre lesdits entrepreneurs.

83. Il est interdit aux usagers de vendre ou d'échanger les bois qui leur sont délivrés, et de les employer à aucune autre destination que celle pour laquelle le droit d'usage a été accordé.

S'il s'agit de bois de chauffage, la contravention donnera lieu à une amende de 10 à 100 francs.

S'il s'agit de bois à bâtir ou de tout autre bois non destiné au chauffage, il y aura lieu à une amende double de la valeur des bois, sans que cette amende puisse être au-dessous de 5o francs.

84. L'emploi des bois de construction devra être fait dans un délai de deux ans, lequel néanmoins pourra être prorogé par l'administration

forestière. Ce délai expiré, elle pourra disposer des arbres non employés.

85. Les défenses prononcées par l'article 57 sont applicables à tous usagers quelconques, et sous les mêmes peines.

TITRE IV.

Des Bois et Forêts qui font partie du domaine de la Couronne.

86. Les bois et forêts qui font partie du domaine de la couronne, sont exclusivement régis et administrés par le ministre de la maison du Roi, conformément aux dispositions de la loi du 8 novembre 1814.

87. Les agens et gardes des forêts de la couronne sont en tout assimilés aux agens et gardes de l'administration forestière, tant pour l'exercice de leurs fonctions que pour la poursuite des délits et contraventions.

88. Toutes les dispositions de la présente loi qui sont applicables aux bois et forêts du domaine de l'Etat, le sont également aux bois et forêts qui font partie du domaine de la couronne, sauf les exceptions qui résultent de l'article 86 ci-dessus.

TITRE V.

Des Bois et Forêts qui sont possédés à titre d'apanage ou de majorats réversibles à l'Etat.

89. Les bois et forêts qui sont possédés par les princes à titre d'apanage, ou par des particuliers à titre de majorats réversibles à l'Etat, sont sou-

mis au régime forestier, quant à la propriété du sol et à l'aménagement des bois. En conséquence, les agens de l'administration forestière y seront chargés de toutes les opérations relatives à la délimitation, au bornage et à l'aménagement, conformément aux dispositions des sections 1re et 2 du titre III de la présente loi. Les articles 60 et 62 sont également applicables à ces bois et forêts.

L'administration forestière y fera faire les visites et opérations qu'elle jugera nécessaires pour s'assurer que l'exploitation est conforme à l'aménagement, et que les autres dispositions du présent titre sont exécutées.

TITRE VI.

Des Bois des communes et établissemens publics.

90. Sont soumis au régime forestier, d'après l'article 1er de la présente loi, les bois taillis ou futaies appartenant aux communes et aux établissemens publics, qui auront été reconnus susceptibles d'aménagement ou d'une exploitation régulière par l'autorité administrative, sur la proposition de l'administration forestière, et d'après l'avis des conseils municipaux ou des adminitrateurs des établissemens publics.

Il sera procédé dans les mêmes formes à tout changement qui pourrait être demandé, soit de l'aménagement, soit du mode d'exploitation.

En conséquence, toutes les dispositions des six premières sections du titre III leur sont applicables, sauf les modifications et exceptions portées au présent titre.

Lorsqu'il s'agira de la conversion en bois et de l'aménagement de terrains en pâturage, la proposition de l'administration forestière sera communiquée au maire ou aux administrateurs des établissemens publics. Le conseil municipal ou ces administrateurs seront appelés à en délibérer : en cas de contestation, il sera statué par le conseil de préfecture, sauf le pourvoi au conseil d'Etat.

91. Les communes et établissemens publics ne peuvent faire aucun défrichement de leurs bois, sans une autorisation expresse et spéciale du Gouvernement; ceux qui l'auraient ordonné ou effectué sans cette autorisation, seront passibles des peines portées au titre XV contre les particuliers pour les contraventions de même nature.

92. La propriété des bois communaux ne peut jamais donner lieu à partage entre les habitans.

Mais lorsque deux ou plusieurs communes possèdent un bois par indivis, chacune conserve le droit d'en provoquer le partage.

93. Un quart des bois appartenant aux communes et aux établissemens publics sera toujours mis en réserve, lorsque ces communes ou établissemens posséderont au moins dix hectares de bois réunis ou divisés.

Cette disposition n'est pas applicable aux bois peuplés totalement en arbres résineux.

94. Les communes et établissemens publics entretiendront, pour la conservation de leurs bois, le nombre de gardes particuliers qui sera déterminé par le maire et les administrateurs des établissemens, sauf l'approbation du préfet, sur l'avis de l'administration forestière.

95. Le choix de ces gardes sera fait, pour les communes, par le maire, sauf l'approbation du conseil municipal; et pour les établissemens publics, par les administrateurs de ces établissemens.

Ces choix doivent être agréés par l'administration forestière, qui délivre aux gardes leurs commissions.

Eu cas de dissentiment, le préfet prononcera.

96. A défaut, par les communes ou établissemens publics, de faire choix d'un garde dans le mois de la vacance de l'emploi, le préfet y pourvoira, sur la demande de l'administration forestière.

97. Si l'administration forestière et les communes ou établissemens publics jugent convenables de confier à un même individu la garde d'un canton de bois appartenant à des communes ou établissemens publics, et d'un canton de bois de l'Etat, la nomination du garde appartient à cette administration seule. Son salaire sera payé proportionnellement par chacune des parties intéressées.

98. L'administration forestière peut suspendre de leurs fonctions les gardes des bois des communes et des établissemens publics : s'il y a lieu à destitution, le préfet la prononcera, après avoir pris l'avis du conseil municipal ou des administrateurs des établissemens propriétaires, ainsi que de l'administration forestière.

Le salaire de ces gardes est réglé par le préfet, sur la proposition du conseil municipal ou des établissemens propriétaires.

99. Les gardes des bois des communes et des établissemens publics sont en tout assimilés aux gardes des bois de l'Etat, et soumis à l'autorité des mêmes agens ; ils prêtent serment dans les mêmes formes, et leurs procès-verbaux font également foi en justice pour constater les délits et contraventions commis même dans des bois soumis au régime forestier autres que ceux dont la garde leur est confiée.

100. Les ventes des coupes, tant ordinaires qu'extraordinaires, seront faites à la diligence des agens forestiers, dans les mêmes formes que pour les bois de l'Etat, et en présence du maire ou d'un adjoint pour les bois des communes, et d'un des

administrateurs pour ceux des établissemens publics; sans toutefois que l'absence des maires ou
administrateurs, dûment appelés, entraîne la nullité des opérations.

Toute vente ou coupe effectuée par l'ordre des
maires des communes ou des administrateurs des
établissemens publics en contravention au présent
article donnera lieu contre eux à une amende qui
ne pourra être au-dessous de 3oo francs, ni excéder
6,ooo francs, sans préjudice des dommages-intérêts qui pourraient être dus aux communes ou établissemens propriétaires.

Les ventes ainsi effectuées seront déclarées nulles.

1o1. Les incapacités et défenses prononcées par
ticle 21 sont applicables aux maires, adjoints et
receveurs des communes, ainsi qu'aux administrateurs et receveurs des établissemens publics, pour
les ventes des bois des communes et établissemens
dont l'administration leur est confiée.

En cas de contravention, ils seront passibles des
peines prononcées par le paragraphe premier de
l'article précité, sans préjudice des dommages-intérêts, s'il y a lieu; et les ventes seront déclarées
nulles.

1o2. Lors des adjudications des coupes ordinaires et extraordinaires des bois des établissemens
publics, il sera fait réserve en faveur de ces établissemens, et suivant les formes qui seront prescrites
par l'autorité administrative, de la quantité de
bois, tant de chauffage que de construction, nécessaire pour leur propre usage.

Les bois ainsi délivrés ne pourront être employés
qu'à la destination pour laquelle ils auront été réservés, et ne pourront être vendus ni échangés sans
l'autorisation du préfet. Les administrateurs qui
auraient consenti de pareilles ventes ou échanges,
seront passibles d'une amende égale à la valeur de

ces bois, et de la restitution, au profit de l'établissement public, de ces mêmes bois ou de leur valeur. Les ventes ou échanges seront en outre déclarés nuls.

1o3. Les coupes des bois communaux destinées à
être partagées en nature pour l'affouage des habitans ne pourront avoir lieu qu'après que la délivrance en aura été préalablement faite par les
agens forestiers, et en suivant les formes prescrites
par l'article 81 pour l'exploitation des coupes
affouagères délivrées aux communes dans les bois
de l'Etat; le tout sous les peines portées par ledit
article.

1o4. Les actes relatifs aux coupes et arbres délivrés en nature, en exécution des deux articles
précédens, seront visés pour timbre et enregistrés
en débet, et il n'y aura lieu à la perception des
droits que dans le cas de poursuites devant les tribunaux.

1o5. S'il n'y a titre ou usage contraire, le partage des bois d'affouage se fera par feu, c'est-à-dire
par chef de famille ou de maison ayant domicile
réel et fixe dans la commune; s'il n'y a également
titre ou usage contraire, la valeur des arbres délivrés pour constructions ou réparations sera estimée à dire d'experts et payée à la commune.

1o6. Pour indemniser le Gouvernement des frais
d'administration des bois des communes ou établissemens publics, il sera ajouté annuellement à
la contribution foncière établie sur ces bois une
somme équivalente à ces frais. Le montant de cette
somme sera réglé chaque année par la loi de finances; elle sera répartie au marc le franc de ladite
contribution, et perçue de la même manière.

1o7. Moyennant les perceptions ordonnées par
l'article précédent, toutes les opérations de conservation et de régie dans les bois des communes et

des établissemens publics seront faites par les agens et préposés de l'administration forestière, sans aucuns frais.

Les poursuites, dans l'intérêt des communes et des établissemens publics, pour délits ou contraventions commis dans leurs bois, et la perception des restitutions et dommages-intérêts prononcés en leur faveur, seront effectuées sans frais par les agens du Gouvernement, en même temps que celles qui ont pour objet le recouvrement des amendes dans l'intérêt de l'Etat.

En conséquence, il n'y aura lieu à exiger à l'avenir des communes et établissemens publics, ni aucun droit de vacation, d'arpentage, de réarpentage, de décime, de prélèvement quelconque, pour les agens et préposés de l'administration forestière, ni le remboursement soit des frais des instances dans lesquelles l'administration succomberait, soit de ceux qui tomberaient en non-valeurs par l'insolvabilité des condamnés.

108. Le salaire des gardes particuliers restera à la charge des communes et des établissemens publics.

109. Les coupes ordinaires et extraordinaires sont principalement affectées au paiement des frais de garde, de la contribution foncière et des sommes qui reviennent au Trésor en exécution de l'article 106.

Si les coupes sont délivrées en nature pour l'affouage, et que les communes n'aient pas d'autres ressources, il sera distrait une portion suffisante des coupes, pour être vendue aux enchères avant toute distribution, et le prix en être employé au paiement desdites charges.

110. Dans aucun cas et sous aucun prétexte, les habitans des communes et les administrateurs ou employés des établissemens publics ne peuvent in-

troduire ni faire introduire dans les bois appartenant à ces communes ou établissemens publics, des
chèvres, brebis ou moutons, sous les peines prononcées par l'article 199 contre ceux qui auraient
introduit ou permis d'introduire ces animaux, et
par l'article 78 contre les pâtres ou gardiens.

Cette prohibition n'aura son exécution que dans
deux ans, à compter du jour de la publication de
la présente loi, dans les bois où, nonobstant les dispositions de l'ordonnance de 1669, le pâturage des
moutons a été toléré jusqu'à présent.

Toutefois le pacage des brebis ou moutons
pourra être autorisé, dans certaines localités, par
des ordonnances spéciales de Sa Majesté.

111. La faculté accordée au Gouvernement par
l'article 63, d'affranchir les forêts de l'Etat de tous
droits d'usage en bois, est applicable, sous les
mêmes conditions, aux communes et aux établissemens publics, pour les bois qui leur appartiennent.

112. Toutes les dispositions de la huitième section du titre III sur l'exercice des droits d'usage
dans les bois de l'Etat sont applicables à la jouissance des communes et des établissemens publics
dans leurs propres bois, ainsi qu'aux droits d'u-
sage dont ces mêmes bois pourraient être grevés;
sauf les modifications résultant du présent titre,
et à l'exception des articles 61, 73, 74, 83 et 84.

TITRE VII.

*Des Bois et Forêts indivis qui sont soumis au
régime forestier.*

113. Toutes les dispositions de la présente loi
relatives à la conservation et à la régie des bois qui

font partie du domaine de l'Etat, ainsi qu'à la poursuite des délits et contraventions commis dans ces bois, sont applicables aux bois indivis mentionnés à l'article 1er, § 6 de la présente loi, sauf les modifications portées par le titre VI pour les bois des communes et des établissemens publics.

114. Aucune coupe ordinaire ou extraordinaire, exploitation ou vente, ne pourra être faite par les possesseurs copropriétaires, sous peine d'une amende égale à la valeur de la totalité des bois abattus ou vendus ; toutes ventes ainsi faites seront déclarées nulles.

115. Les frais de délimitation, d'arpentage et de garde, seront supportés par le domaine et les copropriétaires, chacun dans la proportion de ses droits.

L'administration forestière nommera les gardes, règlera leur salaire, et aura seule le droit de les révoquer.

116. Les copropriétaires auront dans les restitutions et dommages-intérêts la même part que dans le produit des ventes, chacun dans la proportion de ses droits.

TITRE VIII.

Des Bois des particuliers.

117. Les propriétaires qui voudront avoir, pour la conservation de leurs bois, des gardes particuliers, devront les faire agréer par le sous-préfet de l'arrondissement: sauf le recours au préfet, en cas de refus.

Ces gardes ne pourront exercer leurs fonctions qu'après avoir prêté serment devant le tribunal de première instance.

118. Les particuliers jouiront, de la même manière que le Gouvernement et sous les conditions déterminées par l'article 63, de la faculté d'affranchir leurs forêts de tous droits d'usage en bois.

119. Les droits de pâturage, parcours, panage et glandée dans les bois des particuliers, ne pourront être exercés que dans les parties de bois déclarées défensables par l'administration forestière, et suivant l'état et la possibilité des forêts, reconnus et constatés par la même administration.

Les chemins par lesquels les bestiaux devront passer pour aller au pâturage et pour en revenir seront désignés par le propriétaire.

120. Toutes les dispositions contenues dans les articles 64; 66, § 1; 70, 72, 73, 75, 76; 78, § 1 et 2; 79, 80, 83 et 85 de la présente loi, sont applicables à l'exercice des droits d'usage dans les bois des particuliers, lesquels y exercent, à cet effet, les mêmes droits et la même surveillance que les agens du Gouvernement dans les forêts soumises au régime forestier.

121. En cas de contestation entre le propriétaire et l'usager, il sera statué par les tribunaux.

TITRE IX.

Affectations spéciales des bois à des services publics.

SECTION Ire.

Des Bois destinés au service de la marine.

122. Dans tous les bois soumis au régime forestier, lorsque des coupes devront y avoir lieu, le département de la marine pourra faire choisir et

marteler par ses agens les arbres propres aux constructions navales, parmi ceux qui n'auront pas été
marqués en réserve par les agens forestiers.

123. Les arbres ainsi marqués seront compris
dans les adjudications et livrés par les adjudicataires à la marine, aux conditions qui seront indiquées ci-après.

124. Pendant dix ans, à compter de la promulgation de la présente loi, le département de la
marine exercera le droit de choix et de martelage
sur les bois des particuliers, futaies, arbres de
réserve, avenues, lisières et arbres épars.

Ce droit ne pourra être exercé que sur les arbres
en essence de chêne, qui seront destinés à être
coupés, et dont la circonférence, mesurée à un
mètre du sol, sera de 15 décimètres au moins.

Les arbres qui existeront dans les lieux clos attenant aux habitations, et qui ne sont point amé-
nagés en coupes réglées, ne seront point assujettis
au martelage.

125. Tous les propriétaires seront tenus, sauf
l'exception énoncée en l'article précédent, et hors
le cas de besoins personnels pour réparations et
constructions, de faire, six mois d'avance, à la
sous-préfecture, la déclaration des arbres qu'ils
ont l'intention d'abattre, et des lieux où ils sont
situés.

Le défaut de déclaration sera puni d'une amende
de dix-huit francs par mètre de tour pour chaque
arbre susceptible d'être déclaré.

126. Les particuliers pourront disposer librement des arbres déclarés, si la marine ne les a pas
fait marquer pour son service dans les six mois à
compter du jour de l'enregistrement de la déclaration à la sous-préfecture.

Les agens de la marine seront tenus, à peine de
nullité de leur opération, de dresser des procès-

verbaux de martelage des arbres dans les bois de l'Etat, des communes, des établissemens publics et des particuliers, de faire viser ces procès-verbaux par le maire, dans la huitaine, et d'en déposer immédiatement une expédition à la mairie de la commune où le martelage aura eu lieu.

Aussitôt après ce dépôt, les adjudicataires, communes, établissemens ou propriétaires, pourront disposer des bois qui n'auront pas été marqués.

127. Les adjudicataires des bois soumis au régime forestier, les maires des communes, ainsi que les administrateurs des établissemens publics, pour les exploitations faites sans adjudication, et les particuliers, traiteront de gré à gré du prix de leurs bois avec la marine.

En cas de contestation, le prix sera réglé par experts nommés contradictoirement, et, s'il y a partage entre les experts, il en sera nommé un d'office par le président du tribunal de première instance, à la requête de la partie la plus diligente; les frais de l'expertise seront supportés en commun.

128. Les adjudicataires des bois soumis au régime forestier, les maires des communes, ainsi que les administrateurs des établissemens publics pour les exploitations faites sans adjudication, et les particuliers, pourront disposer librement des arbres marqués pour la marine, si, dans les trois mois après qu'ils en auront fait notifier à la sous-préfecture l'abattage, la marine n'a pas pris livraison de la totalité des arbres marqués appartenant au même propriétaire, et n'en a pas acquitté le prix.

129. La marine aura, jusqu'à l'abattage des arbres, la faculté d'annuller les martelages opérés pour son service ; mais, conformément à l'article précédent, elle devra prendre tous les arbres mar-

qués qui auront été abattus, ou les abandonner en totalité.

130. Lorsque les propriétaires de bois n'auront pas fait abattre les arbres déclarés, dans le délai d'un an, à dater du jour de la déclaration, elle sera considérée comme non avenue, et ils seront tenus d'en faire une nouvelle.

131. Ceux qui „ dans les cas de besoins personnels pour réparations ou constructions, voudront faire abattre des arbres sujets à déclaration, ne pourront procéder à l'abattage qu'après avoir fait préalablement constater ces besoins par le maire de la commune.

Tout propriétaire convaincu d'avoir, sans motifs valables, donné, en tout ou en partie, à ses arbres, une destination autre que celle qui aura été énoncée dans le procès-verbal constatant les besoins personnels, sera passible de l'amende portée par l'article 125 pour défaut de déclaration.

132. Le Gouvernement déterminera les formalités à remplir, tant pour les déclarations de volonté d'abattre, que pour constater, soit les besoins, dans le cas prévu par l'article précédent, soit les martelages et les abattages. Ces formalités seront remplies sans frais.

133. Les arbres qui auront été marqués pour le service de la marine dans les bois soumis au régime forestier, comme sur toute propriété privée, ne pourront être distraits de leur destination, sous peine d'une amende de 45 francs par mètre de tour de chaque arbre ; sauf néanmoins les cas prévus par les articles 126 et 128. Les arbres marqués pour le service de la marine ne pourront être écarris avant la livraison, ni détériorés par ses agens avec des haches, scies, sondes ou autres instrumens, à peine de la même amende.

134. Les délits et contraventions concernant le

service de la marine seront constatés, dans tous les bois, par procès-verbaux, soit des agens et gardes forestiers, soit des maîtres, contre-maîtres et aides-contre-maîtres assermentés de la marine : en conséquence, les procès-verbaux de ces maîtres, contre-maîtres et aides-contre-maîtres feront foi en justice comme ceux des gardes forestiers, pourvu qu'ils soient dressés et affirmés dans les mêmes formes et dans les mêmes délais.

135. Les dispositions du présent titre ne sont applicables qu'aux localités où le droit de martelage sera jugé indispensable pour le service de la marine, et pourra être utilement exercé par elle.

Le Gouvernement fera dresser et publier l'état des départemens, arrondissemens et cantons qui ne seront pas soumis à l'exercice de ce droit.

La même publicité sera donnée au rétablissement de cet exercice dans les localités exceptées, lorsque le Gouvernement jugera ce rétablissement nécessaire.

SECTION II.

Des Bois destinés au service des ponts et chaussées pour les travaux du Rhin.

136. Dans tous les cas où les travaux d'endigage ou de fascinage sur le Rhin exigeront une prompte fourniture de bois ou oseraies, le préfet, en constatant l'urgence, pourra en requérir la délivrance, d'abord dans les bois de l'Etat ; en cas d'insuffisance de ces bois, dans ceux des communes et des établissemens publics, et subsidiairement enfin, dans ceux des particuliers : le tout à la distance de cinq kilomètres des bords du fleuve.

137. En conséquence, tous particuliers pro-

priétaires de bois taillis ou autres, dans les îles, sur les rives, et à une distance de cinq kilomètres des bords du fleuve, seront tenus de faire, trois mois d'avance, à la sous-préfecture, une déclaration des coupes qu'ils se proposeront d'exploiter.

Si, dans le délai de trois mois, les bois ne sont pas requis, le propriétaire pourra en disposer librement.

138. Tout propriétaire qui, hors les cas d'urgence, effectuerait la coupe de ses bois sans avoir fait la déclaration prescrite par l'article précédent, sera condamné à une amende d'un franc par are de bois ainsi exploité.

L'amende sera de 4 francs par are contre tout propriétaire qui, après que la réquisition de ses bois lui aura été notifiée, les détournerait de la destination pour laquelle ils auraient été requis.

139. Dans les bois soumis au régime forestier, l'exploitation des bois requis sera faite par les entrepreneurs des travaux des ponts et chaussées, d'après les indications et sous la surveillance des agens forestiers. Ces entrepreneurs seront, dans ce cas, soumis aux mêmes obligations et à la même responsabilité que les adjudicataires des coupes des bois de l'Etat.

140. Dans les bois des particuliers, l'exploitation des bois requis sera faite également, et sous la même responsabilité, par les entrepreneurs des travaux, si mieux n'aime le propriétaire faire exploiter lui-même ; ce qu'il devra déclarer aussitôt que la réquisition lui aura été notifiée.

A défaut par le propriétaire d'effectuer l'exploitation dans le délai fixé par la réquisition, il y sera procédé à ses frais, sur l'autorisation du préfet.

141. Le prix des bois et oseraies requis en exécution de l'article 136 sera payé par les entrepre-

neurs des travaux à l'Etat et aux communes ou établissemens publics, comme aux particuliers, dans le délai de trois mois après l'abattage constaté, et d'après le même mode d'expertise déterminé par l'article 127 de la présente loi pour les arbres marqués par la marine.

Les communes et les particuliers seront indemnisés, de gré à gré ou à dire d'experts, du tort qui pourrait être résulté pour eux de coupes exécutées hors des saisons convenables.

142. Le Gouvernement déterminera les formalités qui devront être observées pour la réquisition des bois, les déclarations et notifications, en conséquence de ce qui est prescrit par les articles précédens.

143. Les contraventions et délits en cette matière seront constatés par procès-verbaux des agens et gardes forestiers, des conducteurs des ponts et chaussées et des officiers de police assermentés, qui devront observer à cet égard les formalités et délais prescrits au titre XI, section Ire, pour les procès-verbaux dressés par les gardes de l'administration forestière.

TITRE X.

Police et conservation des bois et Forêts.

SECTION Ire.

Dispositions applicables à tous les bois et forêts en général.

144. Toute extraction ou enlèvement non autorisé de pierre, sable, minerai, terre ou gazon, tourbe, bruyères, genêts, herbages, feuilles vertes ou mortes, engrais existant sur le sol des forêts, glands, faînes, et autres fruits ou semences des

bois et forêts, donnera lieu à des amendes qui seront fixées ainsi qu'il suit :

Par charretée ou tombereau, de dix à trente francs, pour chaque bête attelée;

Par chaque charge de bête de somme, de cinq à quinze francs.

Par chaque charge d'homme, de deux à six francs.

145. Il n'est point dérogé aux droits conférés à l'administration des ponts et chaussées d'indiquer les lieux où doivent être faites les extractions de matériaux pour les travaux publics; néanmoins les entrepreneurs seront tenus envers l'Etat, les communes et établissemens publics, comme envers les particuliers, de payer toutes les indemnités de droit, et d'observer toutes les formes prescrites par les lois et règlemens en cette matière.

146. Quiconque sera trouvé dans les bois et forêts, hors des routes et chemins ordinaires, avec serpes, cognées, haches, scies et autres instrumens de même nature, sera condamné à une amende de dix francs et à la confiscation desdits instrumens.

147. Ceux dont les voitures, bestiaux, animaux de charge ou de monture, seront trouvés dans les forêts, hors des routes et chemins ordinaires, seront condamnés, savoir :

Par chaque voiture, à une amende de dix francs pour les bois de dix ans et au-dessus, et de vingt francs pour les bois au-dessous de cet âge;

Par chaque tête ou espèce de bestiaux non attelés, aux amendes fixées pour délit de pâturage par l'article 199 :

Le tout sans préjudice des dommages-intérêts.

148. Il est défendu de porter ou allumer du feu

dans l'intérieur et à la distance de deux cents mètres des bois et forêts, sous peine d'une amende de 20 à 100 francs; sans préjudice, en cas d'incendie, des peines portées par le Code pénal, et de tous dommages-intérêts, s'il y a lieu.

149. Tous usagers qui, en cas d'incendie, refuseront de porter des secours dans les bois soumis à leur droit d'usage, seront traduits en police correctionnelle, privés de ce droit pendant un an au moins et cinq ans au plus, et condamnés en outre aux peines portées en l'article 475 du Code pénal.

150. Les propriétaires riverains des bois et forêts ne peuvent se prévaloir de l'article 672 du Code civil pour l'élagage des lisières desdits bois et forêts, si ces arbres de lisière ont plus de trente ans.

Tout élagage qui serait exécuté sans l'autorisation des propriétaires des bois et forêts, donnera lieu à l'application des peines portées par l'article 196.

SECTION II.

Dispositions spéciales applicables seulement aux bois et forêts soumis au régime forestier.

151. Aucun four à chaux ou à plâtre, soit temporaire, soit permanent, aucune briqueterie et tuilerie, ne pourront être établis dans l'intérieur et à moins d'un kilomètre des forêts, sans l'autorisation du Gouvernement, à peine d'une amende de 100 à 500 francs, et de démolition des établissemens.

152. Il ne pourra être établi sans l'autorisation du Gouvernement, sous quelque prétexte que ce soit, aucune maison sur perches, loge, baraque ou hangar, dans l'enceinte et à moins d'un kilomètre des bois et forêts, sous peine de 50 francs d'a-

mende, et de la démolition dans le mois, à dater du jour du jugement qui l'aura ordonnée.

153. Aucune construction de maisons ou fermes ne pourra être effectuée, sans l'autorisation du Gouvernement, à la distance de cinq cents mètres des bois et forêts soumis au régime forestier, sous peine de démolition.

Il sera statué dans le délai de six mois sur les demandes en autorisation ; passé ce délai, la construction pourra être effectuée.

Il n'y aura point lieu à ordonner la démolition des maisons ou fermes actuellement existantes. Ces maisons ou fermes pourront être réparées, reconstruites et augmentées sans autorisation.

Sont exceptés des dispositions du paragraphe premier du présent article les bois et forêts appartenant aux communes, et qui sont d'une contenance au-dessous de deux cent cinquante hectares.

154. Nul individu habitant les maisons ou fermes actuellement existantes dans le rayon ci-dessus fixé, ou dont la construction y aura été autorisée en vertu de l'article précédent, ne pourra établir dans lesdites maisons ou fermes aucun atelier à façonner le bois, aucun chantier ou magasin pour faire le commerce de bois, sans la permission spéciale du Gouvernement, sous peine de 50 francs d'amende et de la confiscation des bois.

Lorsque les individus qui auront obtenu cette permission auront subi une condamnation pour délits forestiers, le Gouvernement pourra leur retirer ladite permission.

155. Aucune usine à scier le bois ne pourra être établie dans l'enceinte et à moins de deux kilomètres de distance des bois et forêts, qu'avec l'autorisation du Gouvernement, sous peine d'une amende de 100 à 500 francs, et de la démolition

dans le mois, à dater du jugement qui l'aura ordonnée.

156. Sont exceptées des dispositions des trois
articles précédens les maisons et usines qui font
partie de villes, villages ou hameaux formant une
population agglomérée, bien qu'elles se trouvent
dans les distances ci-dessus fixées des bois et forêts.

157. Les usines, hangars et autres établissemens
autorisés en vertu des articles 151, 152, 154 et
155, seront soumis aux visites des agens et gardes
forestiers, qui pourront y faire toutes perquisitions sans l'assistance d'un officier public, pourvu
qu'ils se présentent au nombre de deux au moins,
ou que l'agent ou garde forestier soit accompagné
de deux témoins domiciliés dans la commune.

158. Aucun arbre, bille ou tronce ne pourra
être reçu dans les scieries dont il est fait mention en l'article 155 sans avoir été préalablement
reconnu par le garde forestier du canton et marqué
de son marteau ; ce qui devra avoir lieu dans les
cinq jours de la déclaration qui en aura été faite,
sous peine, contre les exploitans desdites scieries, d'une amende de 50 à 300 francs. En cas de
récidive, l'amende sera double, et la suppression
de l'usine pourra être ordonnée par le tribunal.

TITRE XI.

*Des Poursuites en réparation de délits et contra-
ventions.*

SECTION Ire.

Des poursuites exercées au nom de l'Administration forestière.

159. L'administration forestière est chargée,

tant dans l'intérêt de l'Etat que dans celui des autres propriétaires de bois et forêts soumis au régime forestier, des poursuites en réparation de tous délits et contraventions commis dans ces bois et forêts, sauf l'exception mentionnée en l'article 87.

Elle est également chargée de la poursuite en réparation des délits et contraventions spécifiés aux articles 134, 143 et 219.

Les actions et poursuites seront exercées par les agens forestiers au nom de l'administration forestière, sans préjudice du droit qui appartient au ministère public.

160. Les agens, arpenteurs et gardes forestiers recherchent et constatent par procès-verbaux les délits et contraventions; savoir : les agens et arpenteurs, dans toute l'étendue du territoire pour lequel ils sont commissionnés ; et les gardes, dans l'arrondissement du tribunal près duquel ils sont assermentés.

161. Les gardes sont autorisés à saisir les bestiaux trouvés en délit, et les instrumens, voitures et attelages des délinquans, et à les mettre en séquestre. Ils suivront les objets enlevés par les délinquans jusque dans les lieux où ils auront été transportés, et les mettront également en séquestre.

Ils ne pourront néanmoins s'introduire dans les maisons, bâtimens, cours adjacentes et enclos, si ce n'est en présence, soit du juge de paix ou de son suppléant, soit du maire du lieu ou de son adjoint, soit du commissaire de police.

162. Les fonctionnaires dénommés en l'article précédent ne pourront se refuser à accompagner sur-le-champ les gardes, lorsqu'ils en seront requis par eux pour assister à des perquisitions.

Ils seront tenus, en outre, de signer le procès-verbal du séquestre ou de la perquisition faite en leur présence ; sauf au garde, en cas de refus de leur part, à en faire mention au procès-verbal.

163. Les gardes arrêteront et conduiront devant le juge de paix ou devant le maire tout inconnu qu'ils auront surpris en flagrant délit.

164. Les agens et les gardes de l'administration des forêts ont le droit de requérir directement la force publique pour la répression des délits et contraventions en matière forestière, ainsi que pour la recherche et la saisie des bois coupés en délit, vendus ou achetés en fraude.

165. Les gardes écriront eux-mêmes leurs procès-verbaux ; ils les signeront et les affirmeront, au plus tard le lendemain de la clôture desdits procès-verbaux, par-devant le juge de paix du canton ou l'un de ses suppléans, ou par-devant le maire ou l'adjoint, soit de la commune de leur résidence, soit de celle où le délit a été commis ou constaté ; le tout sous peine de nullité.

Toutefois, si, par suite d'un empêchement quelconque, le procès-verbal est seulement signé par le garde, mais non écrit en entier de sa main, l'officier public qui en recevra l'affirmation devra lui en donner préalablement lecture, et faire ensuite mention de cette formalité; le tout sous peine de nullité du procès-verbal.

166. Les procès-verbaux que les agens forestiers, les gardes généraux et les gardes à cheval dresseront, soit isolément, soit avec le concours d'un garde, ne seront point soumis à l'affirmation.

167. Dans les cas où le procès-verbal portera saisie, il en sera fait aussitôt après l'affirmation une expédition qui sera déposée dans les vingt-quatre heures au greffe de la justice de paix, pour qu'il en puisse être donné communication à ceux qui réclameraient les objets saisis.

168. Les juges de paix pourront donner main-

levée provisoire des objets saisis, à la charge du paiement des frais de séquestre, et moyennant une bonne et valable caution.

En cas de contestation sur la solvabilité de la caution, il sera statué par le juge de paix.

169. Si les bestiaux saisis ne sont pas réclamés dans les cinq jours qui suivront le séquestre, ou s'il n'est pas fourni bonne et valable caution, le juge de paix en ordonnera la vente à l'enchère, au marché le plus voisin. Il y sera procédé à la diligence du receveur des domaines, qui la fera publier vingt-quatre heures d'avance.

Les frais de séquestre et de vente seront taxés par le juge de paix, et prélevés sur le produit de la vente; le surplus restera déposé entre les mains du receveur des domaines, jusqu'à ce qu'il ait été statué en dernier ressort sur le procès-verbal.

Si la réclamation n'a lieu qu'après la vente des bestiaux saisis, le propriétaire n'aura droit qu'à la restitution du produit net de la vente, tous frais déduits, dans le cas où cette restitution serait ordonnée par le jugement.

170. Les procès-verbaux seront, sous peine de nullité, enregistrés dans les quatre jours qui suivront celui de l'affirmation, ou celui de la clôture du procès-verbal, s'il n'est pas sujet à l'affirmation.

L'enregistrement s'en fera en débet, lorsque les délits en contravention intéresseront l'État et le domaine de la couronne, ou les communes et les établissemens publics.

171. Toutes les actions et poursuites exercées au nom de l'administration générale des forêts, et à la requête de ses agens, en réparation de délits ou contraventions en matière forestière, sont portées devant les tribunaux correctionnels, lesquels sont seuls compétens pour en connaître.

172. L'acte de citation doit, à peine de nullité,

contenir la copie du procès-verbal et de l'acte d'affirmation.

173. Les gardes de l'administration forestière pourront, dans les actions et poursuites exercées en son nom, faire toutes citations et significations d'exploits, sans pouvoir procéder aux saisies-exécutions.

Leurs rétributions, pour les actes de ce genre, seront taxées comme pour les actes faits par les huissiers des juges de paix.

174. Les agens forestiers ont le droit d'exposer l'affaire devant le tribunal, et sont entendus à l'appui de leurs conclusions.

175. Les délits ou contraventions en matière forestière seront prouvés soit par procès-verbaux, soit par témoins à défaut de procès-verbaux ou en cas d'insuffisance de ces actes.

176. Les procès-verbaux revêtus de toutes les formalités prescrites par les articles 165 et 170, et qui sont dressés et signés par deux agens ou gardes forestiers, font preuve, jusqu'à inscription de faux, des faits matériels relatifs aux délits et contraventions qu'ils constatent, quelles que soient les condamnations auxquelles ces délits et contraventions peuvent donner lieu.

Il ne sera, en conséquence, admis aucune preuve outre ou contre le contenu de ces procès-verbaux, à moins qu'il n'existe une cause légale de récusation contre l'un des signataires.

177. Les procès-verbaux revêtus de toutes les formalités prescrites, mais qui ne seront dressés et signés que par un seul agent ou garde, feront de même preuve suffisante jusqu'à inscription de faux, mais seulement lorsque le délit ou la contravention n'entraînera pas une condamnation de plus de cent francs, tant pour amende que pour dommages-intérêts.

Lorsqu'un de ces procès-verbaux constatera à la fois contre divers individus des délits ou contraventions distincts et séparés, il n'en fera pas moins foi, aux termes du présent article, pour chaque délit ou contravention qui n'entraînerait pas une condamnation de plus de 100 francs, tant pour amende que pour dommages-intérêts, quelle que soit la quotité à laquelle pourraient s'élever toutes les condamnations réunies.

178. Les procès-verbaux qui, d'après les dispositions qui précèdent, ne font point foi et preuve suffisante jusqu'à inscription de faux, peuvent être corroborés et combattus par toutes les preuves légales, conformément à l'article 154 du Code d'instruction criminelle.

179. Le prévenu qui voudra s'inscrire en faux contre le procès-verbal sera tenu d'en faire, par écrit et en personne, ou par un fondé de pouvoirs spécial par acte notarié, la déclaration au greffe du tribunal, avant l'audience indiquée par la citation.

Cette déclaration sera reçue par le greffier du tribunal : elle sera signée par le prévenu ou son fondé de pouvoirs; et dans le cas où il ne saurait ou ne pourrait signer, il en sera fait mention expresse.

Au jour indiqué pour l'audience, le tribunal donnera acte de la déclaration, et fixera un délai de trois jours au moins et de huit jours au plus, pendant lequel le prévenu sera tenu de faire au greffe le dépôt des moyens de faux, et des noms, qualités et demeures des témoins qu'il voudra faire entendre.

A l'expiration de ce délai, et sans qu'il soit besoin d'une citation nouvelle, le tribunal admettra les moyens de faux, s'ils sont de nature à détruire l'effet du procès-verbal, et il sera procédé sur le faux conformément aux lois.

Dans le cas contraire, ou faute par le prévenu d'avoir rempli toutes les formalités ci-dessus prescrites, le tribunal déclarera qu'il n'y a lieu à admettre les moyens de faux, et ordonnera qu'il soit passé outre au jugement.

180. Le prévenu contre lequel aura été rendu un jugement par défaut, sera encore admissible à faire sa déclaration d'inscription de faux pendant le délai qui lui est accordé par la loi pour se présenter à l'audience sur l'opposition par lui formée.

181. Lorsqu'un procès-verbal sera rédigé contre plusieurs prévenus, et qu'un ou quelques-uns d'entre eux seulement s'inscriront en faux, le procès-verbal continuera de faire foi à l'égard des autres, à moins que le fait sur lequel portera l'inscription de faux ne soit indivisible et commun aux autres prévenus.

182. Si, dans une instance en réparation de délit ou contravention, le prévenu excipe d'un droit de propriété ou autre droit réel, le tribunal saisi de la plainte statuera sur l'incident en se conformant aux règles suivantes :

L'exception préjudicielle ne sera admise qu'autant qu'elle sera fondée, soit sur un titre apparent, soit sur des faits de possession équivalens, personnels au prévenu et par lui articulés avec précision, et si le titre produit ou les faits articulés sont de nature, dans le cas où ils seraient reconnus par l'autorité compétente, à ôter au fait qui sert de base aux poursuites tout caractère de délit ou de contravention.

Dans le cas de renvoi à fins civiles, le jugement fixera un bref délai dans lequel la partie qui aura élevé la question préjudicielle devra saisir les juges compétens de la connaissance du litige et justifier de ses diligences ; sinon il sera passé outre. Toutefois, en cas de condamnation, il sera sursis à l'exécution du jugement, sous le rapport de l'emprisonnement, s'il était prononcé, et le montant des amendes, restitutions et dommages-intérêts, sera versé à la caisse des dépôts et consignations, pour être remis à qui il sera ordonné par le tribunal qui statuera sur le fond du droit.

183. Les agens de l'administration des forêts peuvent, en son nom, interjeter appel des jugemens, et se pourvoir contre les arrêts et jugemens en dernier ressort ; mais ils ne peuvent se désister de leurs appels sans autorisation spéciale.

184. Le droit attribué à l'administration des forêts et à ses agens de se pourvoir contre les jugemens et arrêts par appel ou par recours en cassation, est indépendant de la même faculté qui est accordée par la loi au ministère public, lequel peut toujours en user, même lorsque l'administration ou ses agens auraient acquiescé aux jugemens et arrêts.

185. Les actions en réparation de délits et contraventions en matière forestière se prescrivent par trois mois, à compter du jour où les délits et contraventions ont été constatés, lorsque les prévenus sont désignés dans les procès-verbaux. Dans le cas contraire, le délai de prescription est de six mois, à compter du même jour.

Sans préjudice, à l'égard des adjudicataires et entrepreneurs des coupes, des dispositions contenues aux articles 45, 47, 50, 51 et 82 de la présente loi.

186. Les dispositions de l'article précédent ne sont point applicables aux contraventions, délits et malversations commis par des agens, préposés ou gardes de l'administration forestière dans l'exercice de leurs fonctions ; les délais de prescription à l'égard de ces préposés et de leurs complices seront

les mêmes qui sont déterminés par le Code d'instruction criminelle.

187. Les dispositions du Code d'instruction criminelle sur la poursuite des délits et contraventions, sur les citations et délais, sur les défauts, oppositions, jugemens, appels et recours en cassation, sont et demeurent applicables à la poursuite des délits et contraventions spécifiés par la présente loi, sauf les modifications qui résultent du présent titre.

SECTION II.

Des poursuites exercées au nom et dans l'intérêt des particuliers.

188. Les procès-verbaux dressés par les gardes des bois et forêts des particuliers feront foi jusqu'à preuve contraire.

189. Les dispositions contenues aux art. 161, 162, 163, 165, 167, 168, 169, 170, § 1ᵉʳ, 172, 175, 182, 185 et 187 ci-dessus, sont applicables aux poursuites exercées au nom et dans l'intérêt des particuliers, pour délits et contraventions commis dans les bois et forêts qui leur appartiennent.

Toutefois, dans les cas prévus par l'article 169, lorsqu'il y aura lieu à effectuer la vente des bestiaux saisis, le produit net de la vente sera versé à la caisse des dépôts et consignations.

190. Il n'est rien changé aux dispositions du Code d'instruction criminelle relativement à la compétence des tribunaux, pour statuer sur les délits et contraventions commis dans les bois et forêts qui appartiennent aux particuliers.

191. Les procès-verbaux dressés par les gardes des bois des particuliers seront, dans le délai d'un

mois, à dater de l'affirmation, remis au procureur du Roi ou au juge de paix, suivant leur compétence respective.

TITRE XII.

Des Peines et Condamnations pour tous les bois et foréts en général.

192. La coupe ou l'enlèvement d'arbres ayant deux décimètres de tour et au-dessus donnera lieu à des amendes qui seront déterminées dans les proportions suivantes, d'après l'essence et la circonférence de ces arbres.

Les arbres sont divisés en deux classes.

La première comprend les chênes, hêtres, charmes, ormes, frênes, érables, platanes, pins, sapins, mélèzes, châtaigniers, noyers, aliziers, sorbiers, cormiers, merisiers et autres arbres fruitiers:

La seconde se compose des aulnes, tilleuls, bouleaux, trembles, peupliers, saules, et de toutes les espèces non comprises dans la première classe.

Si les arbres de la première classe ont deux décimètres de tour, l'amende sera d'un franc par chacun de ces deux décimètres, et s'accroîtra ensuite progressivement de 10 centimes par chacun des autres décimètres;

Si les arbres de la seconde classe ont deux décimètres de tour, l'amende sera de 5o centimes par chacun de ces deux décimètres, et s'accroîtra ensuite progressivement de 5 centimes pour chacun des autres décimètres:

Le tout conformément au tableau annexé à la présente loi.

La circonférence sera mesurée à un mètre du sol.

193. Si les arbres auxquels s'applique le tarif établi par l'article précédent, ont été enlevés et fa-

çonnés, le tour en sera mesuré sur la souche ; et si la souche a été également enlevée, le tour sera calculé dans la proportion d'un cinquième en sus de la dimension totale des quatre faces de l'arbre écarri.

Lorsque l'arbre et la souche auront disparu, l'amende sera calculée suivant la grosseur de l'arbre arbitrée par le tribunal d'après les documens du procès.

194. L'amende, pour coupe ou enlèvement de bois qui n'auront pas deux décimètres de tour, sera, pour chaque charretée, de 10 francs par bête attelée, de 5 francs par chaque charge de bête de somme, et de 2 francs par fagot, fouée ou charge d'homme.

S'il s'agit d'arbres semés ou plantés dans les forêts depuis moins de cinq ans, la peine sera d'une amende de 3 francs par chaque arbre, quelle qu'en soit la grosseur, et, en outre, d'un emprisonnement de six à quinze jours.

195. Quiconque arrachera des plants dans les bois et forêts sera puni d'une amende qui ne pourra être moindre de 10 francs ni excéder 300 francs ; et si le délit a été commis dans un semis ou plantation exécuté de main d'homme, il sera prononcé, en outre, un emprisonnement de quinze jours à un mois.

196. Ceux qui, dans les bois et forêts, auront éhouppé, écorcé ou mutilé des arbres, ou qui en auront coupé les principales branches, seront punis comme s'ils les avaient abattus par le pied.

197. Quiconque enlevera des chablis et bois de délit sera condamné aux mêmes amendes et restitutions que s'il les avait abattus sur pied.

198. Dans les cas d'enlèvement frauduleux de bois et d'autres productions du sol des forêts, il y aura toujours lieu, outre les amendes, à la resti-

tution des objets enlevés ou de leur valeur, et de plus, selon les circonstances, à des dommages-intérêts.

Les scies, haches, serpes, cognées et autres instrumens de même nature dont les délinquans et leurs complices seront trouvés munis, seront confisqués.

199. Les propriétaires d'animaux trouvés de jour en délit dans les bois de dix ans et au-dessus seront condamnés à une amende de

1 franc pour un cochon,

2 francs pour une bête à laine,

3 francs pour un cheval ou autre bête de somme,

4 francs pour une chèvre,

5 francs pour un bœuf, une vache ou un veau.

L'amende sera double si les bois ont moins de dix ans ; sans préjudice, s'il y a lieu, des dommages-intérêts.

200. Dans les cas de récidive, la peine sera toujours doublée.

Il y a récidive, lorsque, dans les douze mois précédens, il a été rendu contre le délinquant ou contrevenant un premier jugement pour délit ou contravention en matière forestière.

201. Les peines seront également doublées lorsque les délits ou contraventions auront été commis la nuit, ou que les délinquans auront fait usage de la scie pour couper les arbres sur pied.

202. Dans tous les cas où il y aura lieu à adjuger des dommages-intérêts, ils ne pourront être inférieurs à l'amende simple prononcée par le jugement.

203. Les tribunaux ne pourront appliquer aux matières réglées par le présent Code les dispositions de l'article 463 du Code pénal.

204. Les restitutions et dommages-intérêts ap-

partiennent au propriétaire; les amendes et confiscations appartiennent toujours à l'Etat.

205. Dans tous les cas où les ventes et adjudications seront déclarées nulles pour cause de fraude ou collusion, l'acquéreur ou adjudicataire, indépendamment des amendes et dommages-intérêts prononcés contre lui, sera condamné à restituer les bois déjà exploités, ou à en payer la valeur sur le pied du prix d'adjudication ou de vente.

206. Les maris, pères, mères et tuteurs, et en général tous maîtres et commettans, seront civilement responsables des délits et contraventions commis par leurs femmes, enfans mineurs et pupilles, demeurant avec eux et non mariés, ouvriers, voituriers et autres subordonnés, sauf tout recours de droit.

Cette responsabilité sera réglée conformément au paragraphe dernier de l'article 1384 du Code civil, et s'étendra aux restitutions, dommages-intérêts et frais; sans pouvoir toutefois donner lieu à la contrainte par corps, si ce n'est dans le cas prévu par l'article 46.

207. Les peines que la présente loi prononce, dans certains cas spéciaux, contre des fonctionnaires ou contre des agens et préposés de l'administration forestière, sont indépendantes des poursuites et peines dont ces fonctionnaires, agens ou préposés seraient passibles d'ailleurs pour malversation, concussion ou abus de pouvoir.

Il en est de même quant aux poursuites qui pourraient être dirigées, aux termes des articles 179 et 180 du Code pénal, contre tous délinquans ou contrevenans, pour fait de tentative de corruption envers des fonctionnaires publics, et des agens et préposés de l'administration forestière.

208. Il y aura lieu à l'application des dispositions

du même Code dans tous les cas non spécifiés par la présente loi.

TITRE XIII.

De l'Exécution des jugemens.

SECTION 1re.

De l'exécution des jugemens rendus à la requête de l'administration forestière ou du ministère public.

209. Les jugemens rendus à la requête de l'administration forestière, ou sur la poursuite du ministère public, seront signifiés par simple extrait qui contiendra le nom des parties et le dispositif du jugement.

Cette signification fera courir les délais de l'opposition et de l'appel des jugemens par défaut.

210. Le recouvrement de toutes les amendes forestières est confié aux receveurs de l'enregistrement et des domaines.

Ces receveurs sont également chargés du recouvrement des restitutions, frais et dommages-intérêts résultant des jugemens rendus pour délits et contraventions dans les bois soumis au régime forestier.

211. Les jugemens portant condamnation à des amendes, restitutions, dommages-intérêts et frais, sont exécutoires par la voie de la contrainte par coprs, et l'exécution pourra en être poursuivie cinq jours après un simple commandement fait aux condamnés.

En conséquence, et sur la demande du receveur de l'enregistrement et des domaines, le procureur du Roi adressera les réquisitions nécessaires aux agens de la force publique chargés de l'exécution des mandemens de justice.

212. Les individus contre lesquels la contrainte par corps aura été prononcée pour raison des amendes et autres condamnations et réparations pécuniaires, subiront l'effet de cette contrainte, jusqu'à ce qu'ils aient payé le montant desdites condamnations, ou fourni une caution admise par le receveur des domaines, ou, en cas de contestation de sa part, déclarée bonne et valable par le tribunal de l'arrondissement.

213. Néanmoins, les condamnés qui justifieraient de leur insolvabilité, suivant le mode prescrit par l'article 420 du Code d'instruction criminelle, seront mis en liberté après avoir subi quinze jours de détention, lorsque l'amende et les autres condamnations pécuniaires n'excèderont pas 15 fr.

La détention ne cessera qu'au bout d'un mois, lorsque ces condamnations s'élèveront ensemble de 15 à 50 fr.

Elle ne durera que deux mois, quelle que soit la quotité desdites condamnations.

En cas de récidive, la durée de la détention sera double de ce qu'elle eût été sans cette circonstance.

214. Dans tous les cas, la détention employée comme moyen de contrainte est indépendante de la peine d'emprisonnement prononcée contre les condamnés pour tous les cas où la loi l'inflige.

SECTION II.

De l'exécution des jugemens rendus dans l'intérêt des particuliers.

215. Les jugemens contenant des condamnations en faveur des particuliers, pour réparation des délits ou contraventions commis dans leurs

bois, seront, à leur diligence, signifiés et exécutés suivant les mêmes formes et voies de contrainte que les jugemens rendus à la requête de l'administration forestière.

Le recouvrement des amendes prononcées par les mêmes jugemens sera opéré par les receveurs de l'enregistrement et des domaines.

216. Toutefois, les propriétaires seront tenus de pourvoir à la consignation d'alimens prescrite par le Code de procédure civile, lorsque la détention aura lieu à leur requête et dans leur intérêt.

217. La mise en liberté des condamnés ainsi détenus à la requête et dans l'intérêt des particuliers ne pourra être accordée, en vertu des articles 212 et 213, qu'autant que la validité des cautions ou l'insolvabilité des condamnés aura été, en cas de contestation de la part desdits propriétaires, jugée contradictoirement entre eux.

TITRE XIV.

Disposition générale.

218. Sont et demeurent abrogés, pour l'avenir, toutes lois, ordonnances, édits et déclarations, arrêts du conseil, arrêtés et décrets, et tous réglemens intervenus, à quelque époque que ce soit, sur les matières réglées par le présent Code, en tout ce qui concerne les forêts.

Mais les droits acquis antérieurement au présent Code seront jugés, en cas de contestation, d'après les lois, ordonnances, édits et déclarations, arrêts du conseil, arrêtés, décrets et réglemens ci-dessus mentionnés.

TITRE XV.

Dispositions transitoires.

219. Pendant vingt ans, à dater de la promulgation de la présente loi, aucun particulier ne pourra arracher ni défricher ses bois qu'après en avoir fait préalablement la déclaration à la sous-préfecture, au moins six mois d'avance, durant lesquels l'administration pourra faire signifier au propriétaire son opposition au défrichement. Dans les six mois à dater de cette signification, il sera statué sur l'opposition par le préfet, sauf le recours au ministre des finances.

Si, dans les six mois après la signification de l'opposition, la décision du ministre n'a pas été rendue et signifiée au propriétaire des bois, le défrichement pourra été effectué.

220. En cas de contravention à l'article précédent, le propriétaire sera condamné à une amende calculée à raison de 500 francs au moins et de 1,500 francs au plus par hectare de bois défriché, et, en outre, à rétablir les lieux en nature de bois dans le délai qui sera fixé par le jugement, et qui ne pourra excéder trois années.

221. Faute par le propriétaire d'effectuer la plantation ou le semis dans le délai prescrit par le jugement, il y sera pourvu à ses frais par l'administration forestière, sur l'autorisation préalable du préfet, qui arrêtera le mémoire des travaux faits et le rendra exécutoire contre le propriétaire.

222. Les dispositions des trois articles qui précèdent sont applicables aux semis et plantations

exécutés, par suite de jugemens, en remplacement de bois défrichés.

223. Seront exceptés des dispositions de l'article 219,

1o Les jeunes bois, pendant les vingt premières années après leur semis ou plantation, sauf le cas prévu en l'article précédent ;

2o Les parcs ou jardins clos et attenant aux habitations ;

3o Les bois non clos, d'une étendue au-dessous de quatre hectares, lorsqu'ils ne feront point partie d'un autre bois qui compléterait une contenance de quatre hectares, ou qu'ils ne seront pas situés sur le sommet ou la pente d'une montagne.

224. Les actions ayant pour objet des défrichemens commis en contravention à l'article 219 se prescriront par deux ans, à dater de l'époque où le défrichement aura été consommé.

225. Les semis et plantations de bois, sur le sommet et le penchant des montagnes et sur les dunes, seront exempts de tout impôt pendant vingt ans.

La présente loi, discutée, délibérée et adoptée par la Chambre des Pairs et par celle des Députés, et sanctionnée par nous cejourd'hui, sera exécutée comme loi de l'Etat; voulons, en conséquence, qu'elle soit gardée et observée dans tout notre royaume, terres et pays de notre obéissance.

Si donnons en mandement à nos Cours et Tribunaux, Préfets, Corps administratifs, et tous autres, que les présentes ils gardent et maintiennent, fassent garder, observer et maintenir, et, pour les rendre plus notoires à tous nos sujets, ils les fassent publier et enregistrer partout où besoin sera : car tel est notre plaisir ; et, afin que ce soit chose ferme et stable à toujours, nous y avons fait mettre notre scel.

Donné au château des Tuileries, le 21ᵉ jour du mois de Mai de l'an de grâce 1827, et de notre règne le troisième.

Signé CHARLES.

Vu et scellé du grand sceau :
Le Garde des sceaux de France,
Ministre Secrétaire d'état au département de la justice,
Signé Comte DE PEYRONNET.

Par le Roi :
Le Ministre Secrétaire d'état au département des finances,
Signé JH. DE VILLÈLE.

TARIF *des Amendes à prononcer par arbre, d'après sa grosseur et son essence.*

(Art. 192.)

ARBRES DE PREMIÈRE CLASSE.			ARBRES DE SECONDE CLASSE.		
Circonférence.	Amende par décimètre.	Amende par arbre.	Circonférence.	Amende par décimètre.	Amende par arbre.
décimètres.	fr. c.	fr. c.	décimètres.	fr. c.	fr. c.
1	» »	» »	1	» »	» »
2	1 00	2 00	2	0 50	1 00
3	1 10	3 30	3	0 55	1 65
4	1 20	4 80	4	0 60	2 40
5	1 30	6 50	5	0 65	3 25
6	1 40	8 40	6	0 70	4 20
7	1 50	10 50	7	0 75	5 25
8	1 60	12 80	8	0 80	6 40
9	1 70	15 30	9	0 85	7 65
10	1 80	18 00	10	0 90	9 00
11	1 90	20 90	11	0 95	10 45
12	2 00	24 00	12	1 00	12 00
13	2 10	27 30	13	1 05	13 65
14	2 20	30 80	14	1 10	15 40
15	2 30	34 50	15	1 15	17 25
16	2 40	38 40	16	1 20	19 20
17	2 50	42 50	17	1 25	21 25
18	2 60	46 80	18	1 30	23 40
19	2 70	51 30	19	1 35	25 65
20	2 80	56 00	20	1 40	28 00
21	2 90	60 90	21	1 45	30 45
22	3 00	66 00	22	1 50	33 50
23	3 10	71 30	23	1 55	35 65
24	3 20	76 80	24	1 60	38 40
25	3 30	82 50	25	1 65	41 25
26	3 40	88 40	26	1 70	44 20
27	3 50	94 50	27	1 75	47 25
28	3 60	100 80	28	1 80	50 40
29	3 70	107 30	29	1 85	53 65
30	3 80	114 00	30	1 90	57 50
31	3 90	120 90	31	1 95	60 45
32	4 00	128 00	32	2 00	64 00

ORDONNANCE
DU ROI
POUR L'EXÉCUTION DU CODE FORESTIER.

CHARLES, par la grâce de Dieu, ROI DE FRANCE ET DE NAVARRE ;

Sur le rapport de notre ministre secrétaire d'Etat au département des finances,

Vu le Code forestier du royaume, sanctionné par nous le 21 mai dernier et promulgué le 31 juillet suivant :

Voulant en assurer l'exécution par des dispositions règlementaires,

NOUS AVONS ORDONNÉ et ORDONNONS ce qui suit :

TITRE PREMIER.

De l'Administration forestière.

ART. 1ᵉʳ. Les attributions conférées par le Code à l'administration forestière seront exercées, sous l'autorité de notre ministre des finances, par une direction générale dont l'organisation est réglée ainsi qu'il suit :

SECTION Iʳᵉ.

De la Direction générale des forêts.

2. La direction générale des forêts se compose d'un directeur général et de trois administrateurs nommés par nous, sur la proposition de notre ministre des finances.

5

3. En cas d'absence du directeur général , le ministre des finances désignera celui des administrateurs qui en remplira les fonctions.

4. Le directeur général dirige et surveille, sous les ordres de notre ministre des finances, toutes les opérations relatives au service.

Il correspond seul avec les diverses autorités.

Il a seul le droit de recevoir et d'ouvrir la correspondance.

Il donne et signe tous les ordres généraux de service.

Il travaille avec le ministre des finances et lui rend compte de tous les résultats de son administration.

5. Notre ministre des finances déterminera les parties de service dont la suite sera attribuée à chaque administrateur.

Les administrateurs pourront être chargés de missions temporaires dans les départemens , avec l'approbation du ministre des finances.

6. Les administrateurs se réunissent en conseil d'administration ; sous la présidence du directeur général.

En cas d'empêchement, le directeur général délègue la présidence à l'un des administrateurs.

7. Le directeur général soumettra à notre ministre des finances , après délibération préalable du conseil d'administration , les objets dont la nomenclature suit :

1° Budget général de l'administration forestière;

2° Création et suppression d'emplois supérieurs ;

3° Destitution , révocation ou mise en jugement des agens forestiers du grade de sous-inspecteur et au-dessus;

4° Liquidation de pensions ;

5° Changemens dans la circonscription des arrondissemens forestiers;

6° Projets d'aménagemens, de partages et d'échanges de bois, de cantonnement ou de rachat de droits d'usage;

7° Coupes extraordinaires;

8° États annuels des coupes ordinaires;

9° Cahier des charges pour les adjudications des coupes ordinaires;

10° Remboursemens pour moins de mesure;

11° Remises ou modérations d'amendes;

12° Extraction de minerai ou de matériaux dans les forêts;

13° Constructions à proximité des forêts;

14° Pourvois au conseil d'État;

15° Dispositions de service qui donneraient lieu à une dépense au-dessus de 500 francs;

16° Oppositions à des défrichemens;

17° Instructions générales et questions douteuses sur l'exécution des lois et ordonnances.

8. Dans toutes les affaires autres que celles qui sont mentionnées en l'article précédent, le directeur général statuera, sauf le recours des parties devant notre ministre des finances.

Le directeur général devra toutefois prendre l'avis du conseil d'administration sur les destitutions, révocations ou mises en jugement des agens au-dessous du grade de sous-inspecteur et des préposés de l'administration forestière, sur toutes les affaires contentieuses, ainsi que sur toutes les dépenses au-dessous de 500 francs.

9. Un vérificateur général des arpentages sera attaché à la direction générale des forêts.

Il sera nommé par notre ministre des finances.

SECTION II.

Du Service forestier dans les départemens.

10. La division territoriale de la France en conservations forestières est arrêtée conformément au tableau annexé à la présente ordonnance.

Les conservations seront subdivisées en inspections et sous-inspections, dont le nombre et les circonscriptions seront fixées par notre ministre des finances.

La direction générale déterminera le nombre et la résidence des gardes généraux, des arpenteurs, des gardes à cheval et des gardes à pied, ainsi que les arrondissemens et triages dans lesquels ils devront exercer leurs fonctions.

11. La direction générale a sous ses ordres :

1º Des agens sous les dénominations de conservateurs, d'inspecteurs, de sous-inspecteurs et de gardes généraux ;

2º Des arpenteurs ;

3º Des gardes à cheval et des gardes à pied.

12. Les conservateurs seront nommés par nous, sur la proposition de notre ministre des finances.

Le ministre des finances nommera aux places d'inspecteur et de sous-inspecteur, sur la proposition du directeur général.

Le directeur général nommera à tous les autres emplois.

Les nominations à tous les grades supérieurs à celui de garde général seront toujours faites parmi les agens du grade immédiatement inférieur qui auront au moins deux ans d'exercice dans ce grade.

13. Nul ne sera promu au grade de garde général, si préalablement il n'a fait partie de l'école

forestière, dont il sera parlé ci-après, ou s'il n'a exercé, pendant deux ans au moins, les fonctions de garde à cheval.

§ 1er. — Des Agens forestiers.

14. Chacun des agens dénommés en l'article 11, § 1°, fera, suivant l'ordre hiérarchique, les opérations, vérifications et tournées qui lui seront prescrites en exécution du Code forestier et de la présente ordonnance, surveillera le service des agens et gardes qui lui seront subordonnés, et leur transmettra les ordres et instructions qu'il recevra de ses supérieurs. Il pourra faire suppléer, en cas d'empêchement, les agens et gardes employés sous ses ordres, à la charge d'en rendre compte, sans délai, à son supérieur immédiat.

15. Les conservateurs correspondront directement avec la direction générale et avec les autorités supérieures des départemens.

Les autres agens correspondront avec le chef de service sous les ordres duquel ils seront placés immédiatement, et lui rendront compte de leurs opérations.

16. Les agens forestiers seront tenus d'avoir des sommiers et registres, dont la direction générale déterminera le nombre et la destination, et sur lesquels ils inscriront régulièrement, par ordre de date, les ordonnances et ordres de service qui leur seront transmis, leurs diverses opérations, leurs procès-verbaux, et les déclarations qui leur seront remises.

Ils feront coter et parapher ces registres par le préfet ou le sous-préfet du lieu de leur résidence, et signeront chaque enregistrement, en faisant mention, en marge de chaque pièce ou procès-verbal, de l'inscription à laquelle elle aura donné lieu sur les registres, avec indication du folio.

Les inspecteurs, sous-inspecteurs et gardes généraux tiendront, en outre, un registre spécial sur lequel ils annoteront sommairement, par ordre de réception, les procès-verbaux qui leur seront remis par les gardes, et indiqueront en regard le résultat des poursuites et la date des jugemens auxquels ces procès-verbaux auront donné lieu.

17. Les agens forestiers seront responsables des titres, plans et autres actes dont ils se trouveront dépositaires en vertu de leurs fonctions.

À chaque mutation d'emploi, il en sera dressé, ainsi que des registres et sommiers, un inventaire en double qui constituera le nouvel agent responsable, en opérant la décharge de son prédécesseur.

18. L'uniforme des agens forestiers est réglé ainsi qu'il suit :

Pour tous les agens, habit et pantalon de drap vert; l'habit boutonné sur la poitrine; le collet droit; le gilet chamois; les boutons de métal blanc, ayant un pourtour de feuilles de chêne et portant au milieu les mots *Direction générale des forêts*, avec une fleur de lis; le chapeau français avec une ganse en argent et un bouton pareil à ceux de l'habit; une épée.

La broderie sera en argent et le dessin en feuilles de chêne.

Les conservateurs porteront la broderie au collet, aux paremens et au bas de la taille de l'habit, avec une baguette unie sur les bords de l'habit et du gilet.

Les inspecteurs porteront la broderie au collet et aux paremens.

L'habit des sous-inspecteurs sera brodé au collet, avec une baguette unie aux paremens.

Les gardes généraux auront deux rameaux de

chêne de la longueur de dix centimètres brodés de chaque côté du collet de l'habit.

§ 2. — Des Arpenteurs.

19. Les arpenteurs nommés et commissionnés par le directeur général des forêts feront, sous les ordres des agens forestiers chefs de service, l'arpentage des coupes ordinaires et extraordinaires, et toutes les opérations de géométrie nécessaires pour les délimitations, aménagemens, partages, échanges et cantonnemens.

20. Leurs rétributions pour l'arpentage des coupes seront fixées par notre ministre des finances.

Pour les autres opérations énoncées en l'article précédent, et généralement pour toutes les opérations extraordinaires dont les arpenteurs pourraient être chargés, leur salaire sera réglé, de gré à gré, entre eux et la direction générale.

21. L'uniforme des arpenteurs sera de même forme et de même couleur que celui des agens forestiers ; mais le collet et les paremens seront en velours noir, avec une broderie pareille à celle des gardes généraux.

22. Les arpenteurs forestiers constateront les délits qu'ils reconnaîtront dans le cours de leurs opérations, les déplacemens de bornes et toute dégradation ou altération de limites, et ils remettront aux agens forestiers les procès-verbaux qu'ils en auront dressés.

23. Les arpenteurs seront tenus de représenter, à toute réquisition, aux agens forestiers chefs de service les minutes et expéditions des procès-verbaux, plans et actes quelconques relatifs à leurs travaux.

En cas de cessation de fonctions, les arpenteurs ou leurs héritiers remettront ces actes à l'agent

forestier chef de service, dans le délai de quinze
jours.

§ 3. — Des Gardes à cheval et des Gardes à pied.

24. Les gardes à cheval et les gardes à pied sont
spécialement chargés de faire des visites journaliè-
res dans les bois soumis au régime forestier, et de
dresser procès-verbal de tous les délits ou contraventions qui y auront été commis.

25. Les gardes forestiers résideront dans le voi-
sinage des forêts ou triages confiés à leur surveillance. Le lieu de leur résidence sera indiqué par le
conservateur.

26. Les gardes forestiers tiendront un registre
d'ordre qu'ils feront coter et parapher par le sous-
préfet de l'arrondissement.

Ils y transcriront régulièrement leurs procès-
verbaux par ordre de date. Ils signeront cet enregistrement, et inscriront en marge de chaque
procès-verbal le folio du registre où il se trouvera
transcrit.

Ils feront mention, sur le même registre et dans
le même ordre, de toutes les significations et citations dont ils auront été chargés.

Ils y feront également mention des chablis et des
bois de délit qu'ils auront reconnus, et en donneront avis, sans délai, à leur supérieur immédiat.

A chaque mutation, les gardes seront tenus de
remettre ce registre à celui qui leur succédera.

27. Les gardes à cheval et les gardes à pied adresseront leurs rapports à leur chef immédiat, et lui
remettront leurs procès-verbaux revêtus de toutes
les formalités prescrites.

28. Indépendamment des fonctions communes
aux gardes à cheval et aux gardes à pied, le directeur général pourra attribuer aux gardes à cheval

des fonctions de surveillance immédiate sur les gardes à pied.

29. L'uniforme des gardes à cheval et des gardes à pied sera l'habit, le pantalon et le gilet de drap vert.

L'habit des gardes à cheval aura sur le collet une broderie semblable à celle qui sera déterminée ci-après pour les élèves de l'école royale forestière.

Les gardes à cheval et les gardes à pied porteront une bandoulière chamois avec bandes de drap vert, et au milieu, une plaque de métal blanc portant ces mots, *forêts royales*, avec une fleur de lis.

30. Les gardes sont autorisés à porter un fusil simple pour leur défense, lorsqu'ils font leurs tournées et visites dans les forêts.

§ 4. — Dispositions communes aux agens et préposés.

31. Il est interdit aux agens et gardes, sous peine de révocation, de faire le commerce de bois, d'exercer aucune industrie où le bois sera employé comme matière principale, de tenir auberge ou de vendre des boissons en détail.

32. Nul ne pourra exercer un emploi forestier dans l'étendue de la conservation où il fera ses approvisionnemens de bois comme propriétaire ou fermier de forges, fourneaux, verreries et autres usines à feu ou de scieries et autres établissemens destinés au travail des bois.

33. Les agens forestiers ne pourront avoir sous leurs ordres leurs parens ou alliés en ligne directe, ni leurs frères ou beaux-frères, oncles ou neveux.

34. Les agens et les gardes forestiers, ainsi que les arpenteurs, seront toujours revêtus de leur uniforme ou des marques distinctives de leur grade dans l'exercice de leurs fonctions.

35. Les agens et gardes ne pourront, sous aucun prétexte, rien exiger ni recevoir des communes, des établissemens publics et des particuliers, pour les opérations qu'ils auront faites à raison de leurs fonctions.

36. Le marteau royal uniforme destiné aux opérations de balivage et de martelage aura pour empreinte une fleur de lis avec le numéro de la conservation.

Il sera déposé chez l'agent chef de service de chaque inspection, et renfermé dans un étui fermant à deux clefs, dont l'une restera entre les mains de cet agent, et l'autre entre les mains de l'agent immédiatement inférieur.

L'agent dépositaire de ce marteau est chargé d'en entretenir l'étui et la monture en bon état, et demeure responsable de son dépôt dans l'étui et de la remise de la seconde clef à l'agent à qui elle doit être confiée.

La direction générale déterminera, sous l'approbation de notre ministre des finances, les mesures propres à prévenir les abus dans l'emploi de ce marteau.

37. Les agens forestiers, les arpenteurs et les gardes seront pourvus chacun d'un marteau particulier, dont la direction générale déterminera, sous l'approbation de notre ministre des finances, la forme, l'empreinte et l'emploi, et dont chacun d'eux sera chargé de déposer l'empreinte au greffe des cours et tribunaux, conformément à l'article 7 du Code forestier.

38. Les agens et préposés ne pourront être destitués que par l'autorité même à qui appartient le droit de les nommer.

Toutefois le directeur général pourra, dans les cas d'urgence, suspendre de leurs fonctions et remplacer provisoirement les agens qui ne sont pas nommés par lui; mais il devra en rendre compte immédiatement à notre ministre des finances.

Les conservateurs pourront, dans le même cas, suspendre provisoirement de leurs fonctions les gardes généraux et les préposés sous leurs ordres, mais à charge d'en rendre compte immédiatement au directeur général.

39. Le directeur général, après avoir pris l'avis du conseil d'administration, pourra dénoncer aux tribunaux les gardes généraux et les préposés forestiers, ou autoriser leur mise en jugement pour faits relatifs à leurs fonctions.

Notre ministre des finances pourra de même dénoncer aux tribunaux les inspecteurs et sous-inspecteurs des forêts, ou autoriser leur mise en jugement.

Les conservateurs ne pourront être poursuivis devant les tribunaux qu'en vertu d'une autorisation accordée par nous en conseil d'Etat.

SECTION III.

Des Ecoles forestières.

40. Il y aura, sous la surveillance de notre directeur général des forêts,

1º Une école royale destinée à former des sujets pour les emplois d'agens forestiers;

2º Des écoles secondaires pour l'instruction d'élèves-gardes.

§ 1er. Ecole royale.

41. L'enseignement dans l'école royale aura pour objet:

L'histoire naturelle dans ses rapports avec les forêts;

Les mathématiques appliquées à la mesure des solides et à la levée des plans;

La législation et la jurisprudence, tant administratives que judiciaires, en matière forestière;

L'économie forestière en ce qui concerne spécialement la culture, l'aménagement et l'exploitation des forêts, et l'éducation des arbres propres aux constructions civiles et navales;

Le dessin;

La langue allemande.

42. Notre ministre des finances nommera, pour être attachés à l'école royale forestière, trois professeurs, savoir :

Un professeur d'histoire naturelle,

Un professeur de mathématiques,

Un professeur d'économie forestière, de législation et de jurisprudence.

Les cours seront de deux années; ils commenceront le 1er novembre de chaque année, et se termineront au 1er septembre suivant.

L'un des trois professeurs remplira les fonctions de directeur de l'école.

Un maître de dessin et un maître d'allemand seront attachés à l'école royale.

43. L'école royale forestière sera établie à Nancy.

Il sera affecté à cette école :

1° Une maison pour servir aux cours des professeurs, à l'établissement d'une bibliothèque et d'un cabinet d'histoire naturelle, et au logement du directeur ;

2° Un terrain pour les pépinières et cultures forestières nécessaires à l'instruction des élèves.

44. Le nombre des élèves est fixé à vingt-quatre.

Les aspirans seront examinés, tant à Paris que dans les départemens, par les examinateurs des écoles royales militaires, dans le même temps et dans les mêmes lieux. Pour être admis au concours à une place d'élève, chaque aspirant devra adresser au directeur général des forêts,

1° Son acte de naissance, constatant qu'à l'époque du 1er novembre l'aspirant aura dix-neuf ans accomplis et n'aura pas plus de vingt-deux ans;

2° Un certificat signé d'un docteur en médecine ou en chirurgie et duement légalisé, attestant que l'aspirant est de bonne constitution, et qu'il a été vacciné ou qu'il a eu la petite vérole;

3° Un certificat en forme, constatant qu'il a terminé son cours d'humanités;

4° La preuve qu'il possède un revenu annuel de douze cents francs, ou, à défaut, une obligation par laquelle ses parens s'engagent à lui fournir une pension de pareille somme pendant son séjour à l'école forestière, et une pension de quatre cents francs depuis le moment où il sortira de l'école jusqu'à l'époque où il sera employé comme garde général en activité.

45. Les candidats seront examinés sur les objets ci-après, savoir :

1° L'arithmétique complète et l'exposition du nouveau système métrique;

2° La géométrie élémentaire et le dessin;

3° La langue française.

4° Ils traduiront, sous les yeux de l'examinateur, un morceau d'un des auteurs latins, poëte ou prosateur, qu'on explique en rhétorique.

Les candidats ne seront examinés que sur les objets indiqués par le programme; mais on aura égard aux connaissances plus étendues qu'ils pourront posséder, surtout en algèbre, en trigonométrie, en physique et en chimie.

46. Les élèves seront nommés par notre ministre des finances, selon le rang d'instruction et de capacité qui aura été assigné aux aspirans, d'après le résultat des examens. Ils auront, pendant la

durée de leur séjour à l'école, le rang de garde à cheval.

47. Leur uniforme est réglé ainsi qu'il suit :

Habit et pantalon de drap vert; boutons de métal blanc, portant les mots *Ecole royale forestière*. L'habit boutonné sur la poitrine; deux légers rameaux de chêne, de la longueur de cinq centimètres, et un gland, brodés en argent, de chaque côté du collet; le gilet blanc; le chapeau français, avec ganse en argent.

48. Les élèves feront chaque année, dans les forêts, aux époques qui seront indiquées par le directeur général, et sous la conduite du professeur qu'il aura désigné, des excursions qui auront pour but la démonstration et l'application sur le terrain des principes qui leur auront été enseignés.

49. A la fin de chaque année, un juri composé des trois professeurs, et présidé par le directeur général ou par l'administrateur qu'il aura délégué, procédera à l'examen des élèves qui auront complété leurs deux années d'étude.

50. Les élèves qui auront satisfait à l'examen de sortie, auront le rang de garde général, et obtiendront, dès qu'ils auront l'âge requis, ou qu'ils auront obtenu de nous des dispenses d'âge, les premiers emplois vacans dans ce grade.

Toutefois la moitié de ces emplois demeurera expressément réservée pour l'avancement des gardes à cheval en activité.

51. Si les élèves, après avoir terminé leurs cours et fait preuve des connaissances requises, n'ont pas atteint l'âge de vingt-cinq ans, ou obtenu de nous des dispenses d'âge, ou s'il n'existe point d'emplois de garde général vacans, ils jouiront du traitement de garde à cheval, et seront provisoirement employés, soit près de la direction générale à Paris, soit près des conservateurs ou des

inspecteurs dans les arrondissemens les plus im-
portans.

Dès qu'ils auront satisfait à la condition d'âge,
et que des vacances auront lieu, les premiers emplois de garde général leur seront acquis par pré-
férence aux autres élèves qui auraient postérieure-
ment terminé leurs cours.

52. Ceux qui, après les deux années d'étude ré-
volues, n'auront point fait preuve, devant le juri
d'examen, de l'instruction nécessaire pour exercer
des fonctions actives, seront admis à suivre les
cours pendant une troisième année; mais si, après
cette troisième année, ils sont encore reconnus in-
capables, ils cesseront de faire partie de l'école et
de l'administration forestières.

Quant à ceux qui, d'après les comptes périodi-
ques rendus au directeur général des forêts par le
directeur de l'école, ne suivront pas exactement
les cours, ou dont la conduite aura donné lieu à
des plaintes graves, il en sera référé à notre ministre des finances, qui ordonnera, s'il y a lieu, leur
radiation du tableau des élèves.

53. Notre ministre des finances fixera, par un
règlement spécial, la division des cours, le classe-
ment des élèves, l'ordre et les heures des leçons,
la police de l'école et les attributions du directeur.

§ 2. Ecoles secondaires.

54. Il sera établi des écoles secondaires dans les
régions de la France les plus boisées.

Elles seront destinées à former des sujets pour
les emplois de gardes.

La durée des cours sera de deux ans.

55. L'enseignement dans les écoles secondaires
aura pour objet :

1° L'écriture, la grammaire et les quatre premières règles de l'arithmétique ;

2° La connaissance des arbres forestiers et de leurs qualités et usages, et spécialement celle des arbres propres aux constructions civiles et navales;

3° Les semis et plantations;

4° Les principes sur les aménagemens, les estimations et les exploitations;

5° La connaissance des dispositions législatives et réglementaires qui concernent les fonctions des gardes, la rédaction des procès-verbaux et les formalités dont ils doivent être revêtus; les citations; la tenue d'un livre-journal et l'exercice des droits d'usage.

56. Nous déterminerons, par une ordonnance spéciale, les lieux où les écoles secondaires seront établies, le nombre des élèves, les conditions d'admissibilité, et les moyens de pourvoir à l'entretien et à l'enseignement des élèves de ces écoles.

TITRE II.

Des Bois et Forêts qui font partie du domaine de l'Etat.

SECTION Ire.

De la Délimitation et du Bornage.

57. Toute demande en délimitation et bornage entre les forêts de l'Etat et les propriétés riveraines seront adressées au préfet du département.

58. Si les demandes ont pour objet des délimitations partielles, il sera procédé dans les formes ordinaires.

Dans le cas où, les parties étant d'accord pour opérer la délimitation et le bornage, il y aurait lieu à nommer des experts, le préfet, après avoir pris l'avis du conservateur des forêts et du directeur des domaines, nommera un agent forestier pour opérer comme expert dans l'intérêt de l'Etat.

59. Lorsqu'en exécution de l'article 10 du Code, il s'agira d'effectuer la délimitation générale d'une forêt, le préfet nommera, ainsi qu'il est prescrit par l'article précédent, les agens forestiers et les arpenteurs qui devront procéder dans l'intérêt de l'Etat, et indiquera le jour fixé pour le commencement des opérations et le point de départ.

60. Les maires des communes où devra être affiché l'arrêté destiné à annoncer les opérations relatives à la délimitation générale, seront tenus d'adresser au préfet des certificats constatant que cet arrêté a été publié et affiché dans ces communes.

61. Le procès-verbal de délimitation sera rédigé par les experts suivant l'ordre dans lequel l'opération aura été faite. Il sera divisé en autant d'articles qu'il y aura de propriétaires riverains, et chacun de ces articles sera clos séparément et signé par les parties intéressées.

Si les propriétaires riverains ne peuvent pas signer ou refusent de le faire, si même ils ne se présentent ni en personne ni par un fondé de pouvoir, il en sera fait mention.

En cas de difficulté sur la fixation des limites, les réquisitions, dires et observations contradictoires seront consignés au procès-verbal.

Toutes les fois que, par un motif quelconque, les lignes de pourtour d'une forêt, telles qu'elles existent actuellement, devront être rectifiées de manière à déterminer l'abandon d'une portion du sol forestier, le procès-verbal devra énoncer les motifs de cette rectification, quand même il n'y aurait à ce sujet aucune contestation entre les experts.

62. Dans le délai fixé par l'article 11 du Code forestier, notre ministre des finances nous rendra compte des motifs qui pourront déterminer l'ap-

probation ou le refus d'homologation du procès-verbal de délimitation, et il y sera statué par nous sur son rapport.

À cet effet, aussitôt que ce procès-verbal aura été déposé au secrétariat de la préfecture, le préfet en fera faire une copie entière qu'il adressera sans délai à notre ministre des finances.

63. Les intéressés pourront requérir des extraits duement certifiés du procès-verbal de délimitation, en ce qui concernera leurs propriétés.

Les frais d'expédition de ces extraits seront à la charge des requérans, et réglés à raison de soixante-quinze centimes par rôle d'écriture, conformément à l'article 37 de la loi du 25 juin 1794 [7 messidor an 2].

64. Les réclamations que les propriétaires pourront former, soit pendant les opérations, soit dans le délai d'un an, devront être adressées au préfet du département, qui les communiquera au conservateur des forêts et au directeur des domaines, pour avoir leurs observations.

65. Les maires justifieront, dans la forme prescrite par l'article 60, de la publication de l'arrêté pris par le préfet pour faire connaître notre résolution relativement au procès-verbal de délimitation. Il en sera de même pour l'arrêté par lequel le préfet appellera les riverains au bornage, conformément à l'article 12 du Code forestier.

66. Les frais de délimitation et de bornage seront établis par articles séparés pour chaque propriétaire riverain, et supportés en commun entre l'administration et lui.

L'état en sera dressé par le conservateur des forêts et visé par le préfet. Il sera remis au receveur des domaines, qui poursuivra, par voie de contrainte, le paiement des sommes à la charge des riverains, sauf l'opposition, sur laquelle il sera statué par les tribunaux conformément aux lois.

SECTION II.

Des Aménagemens.

67. Il sera procédé à l'aménagement des forêts dont les coupes ne sont pas fixées régulièrement ou conformément à la nature du sol et des essences.

Notre ministre des finances nous présentera, au mois de janvier de chaque année, l'état des aménagemens effectués durant l'année révolue.

68. Les aménagemens seront réglés principalement dans l'intérêt des produits en matière et de l'éducation des futaies.

En conséquence, l'administration recherchera les forêts et parties de forêts qui pourront être réservées pour croître en futaie, et elle en proposera l'aménagement, en indiquant celles où le mode d'exploitation par éclaircie pourrait être le plus avantageusement employé.

69. Dans toutes les forêts qui seront aménagées à l'avenir, l'âge de la coupe des taillis sera fixé à vingt-cinq ans au moins ; et il n'y aura d'exception à cette règle que pour les forêts dont les essences dominantes seront le châtaignier et les bois blancs, ou qui seront situés sur des terrains de la dernière qualité.

70. Lors de l'exploitation des taillis, il sera réservé cinquante baliveaux de l'âge de la coupe par hectare. En cas d'impossibilité, les causes en seront énoncées aux procès-verbaux de balivage et de martelage.

Les baliveaux modernes et anciens ne pourront être abattus qu'autant qu'ils seront dépérissans ou hors d'état de prospérer jusqu'à une nouvelle révolution.

71. Seront considérées comme coupes extraordinaires, et ne pourront en conséquence être effectuées qu'en vertu de nos ordonnances spéciales,
celles qui intervertiraient l'ordre établi par l'a-
ménagement ou par l'usage observé dans les forêts dont l'aménagement n'aurait pu encore être
réglé, toutes les coupes par anticipation, et celles
des bois ou portion de bois mis en réserve pour
croître en futaie et dont le terme d'exploitation
n'aurait pas été fixé par l'ordonnance d'aménagement.

72. Pour les forêts d'arbres résineux où les coupes
se feront en jardinant, l'ordonnance d'aménagement déterminera l'âge ou la grosseur que les arbres devront atteindre avant que la coupe puisse
en être ordonnée.

SECTION III.

Des Assiettes, Arpentages, Balivages, Martelages et Adjudica-
tions des coupes.

73. Chaque année, les conservateurs adresseront
au directeur général les états des coupes ordinaires
à asseoir, conformément aux aménagemens, ou selon les usages actuellement observés dans les forêts
qui ne sont pas encore aménagées.

Ces états seront soumis à l'approbation de notre
ministre des finances.

Les conservateurs adresseront pareillement au
directeur général, pour chaque coupe extraordinaire à autoriser par nos ordonnances, un procès-
verbal qui énoncera les motifs de la coupe propo-
sée, l'état, l'âge, la consistance et la nature des
bois qui la composeront, le nombre d'arbres de
réserve qu'elle comportera, et les travaux à exécuter dans l'intérêt du sol forestier.

74. Lorsque les coupes ordinaires et extraordi-

naires auront été autorisées, les conservateurs désigneront ou feront désigner par les agens forestiers les arbres d'assiette, et feront procéder aux arpentages.

75. Les arpenteurs ne pourront, sous peine de révocation et sans préjudice de toutes poursuites en dommages-intérêts, donner aux laies et tranchées qu'ils ouvriront pour le mesurage des coupes plus d'un mètre de largeur.

Les bois qui en proviendront feront partie de l'adjudication de chaque coupe, ou seront vendus suivant la forme des menus marchés.

76. Les coupes seront délimitées par des pieds corniers et parois : lorsqu'il ne se trouvera pas d'arbres sur les angles pour servir de pieds corniers, les arpenteurs y suppléeront par des piquets, et emprunteront au dehors ou au dedans de la coupe les arbres les plus apparens et les plus propres à servir de témoins.

L'arpenteur sera tenu de faire usage au moins de l'un des pieds corniers de la précédente vente.

Tous les arbres de limites seront marqués au pied, et le plus près de terre qu'il sera possible, du marteau de l'arpenteur, savoir : les pieds corniers sur deux faces, l'une dans la direction de la ligne qui sera à droite, et l'autre dans celle de la ligne qui sera à gauche; et les parois sur une seule face, du côté et en regard de la coupe.

L'arpenteur fera, au-dessus de chaque empreinte de son marteau, dans la même direction et à la hauteur d'un mètre, une entaille destinée à recevoir l'empreinte du marteau royal.

77. Les arpenteurs dresseront des plans et procès-verbaux d'arpentage des coupes qu'ils auront mesurées, et ils y indiqueront toutes les circonstances nécessaires pour servir à la reconnaissance des limites de ces coupes lors du récolement;

Ils en enverront immédiatement deux expéditions à l'inspecteur ou à l'agent qui en remplira les fonctions dans l'arrondissement.

78. Il sera procédé à chaque opération de balivage et de martelage par deux agens au moins; le garde du triage devra y assister, et il sera fait au procès-verbal mention de sa présence.

79. Les pieds corniers, les parois et les arbres à réserver dans les coupes seront marqués du marteau royal, savoir : les arbres de limites à la hauteur d'un mètre, et les arbres anciens, les modernes et les baliveaux de l'âge du taillis à la hauteur et de la manière qui seront déterminées par les instructions de l'administration.

Les baliveaux de l'âge du taillis pourront être désignés par un simple griffage ou toute autre marque autorisée par l'administration, lorsque ces arbres seront trop faibles pour recevoir l'empreinte du marteau royal.

Il sera fait mention dans les affiches et dans le procès-verbal d'adjudication du mode de martelage ou de désignation des arbres de réserve.

80. Dans les coupes qui s'exploitent en jardinant ou par pieds d'arbres, le marteau royal sera appliqué aux arbres à abattre, et la marque sera faite au corps et à la racine.

81. Les procès-verbaux de balivage et de martelage indiqueront le nombre et les espèces d'arbres qui auront été marqués en réserve, avec distinction en baliveaux de l'âge, modernes et anciens, pieds corniers et parois.

Ces procès-verbaux, revêtus de la signature de tous les agens qui auront concouru à l'opération, seront adressés, dans le délai de huit jours, au conservateur.

L'estimation des coupes sera faite par un procès-verbal séparé qui sera adressé au conservateur dans le même délai.

82. Les conditions générales des adjudications seront établies par un cahier de charges délibéré chaque année par la direction générale des forêts, et approuvé par notre ministre des finances.

Les clauses particulières seront arrêtées par les conservateurs.

Les clauses et conditions, tant générales que particulières, seront toutes de rigueur, et ne pourront jamais être réputées comminatoires.

83. Quinze jours avant l'époque fixée pour l'adjudication, l'agent forestier chef de service fera déposer au secrétariat de l'autorité administrative qui devra présider à la vente :

1° Les procès-verbaux d'arpentage, de balivage et de martelage des coupes ;

2° Une expédition du cahier des charges générales et des clauses particulières et locales.

Le fonctionnaire qui devra présider à la vente apposera son visa au bas de ees pièces pour en constater le dépôt.

84. Les affiches indiqueront le lieu, le jour et l'heure où il sera procédé aux ventes, les fonctionnaires qui devront les présider, la situation, la nature et la contenance des coupes, et le nombre, la classe et l'essence des arbres marqués en réserve.

Elles seront rédigées par l'agent supérieur de l'arrondissement forestier, approuvées par le conservateur, et apposées, sous l'autorisation du préfet, à la diligence de l'agent forestier, lequel sera tenu de rapporter les certificats d'apposition que les maires délivreront aux gardes ou autres qui les auront placardées.

Les préfets et sous-préfets emploieront au surplus les autres moyens de publication qui seront à leur disposition.

Il sera fait mention dans les procès-verbaux d'adjudication des mesures qui auront été prises pour donner aux ventes toute la publicité possible.

85. Il sera fait dans les affiches et dans les actes de vente des coupes extraordinaires, mention des ordonnances spéciales qui les auront autorisées.

86. Les adjudications des coupes ordinaires et extraordinaires auront lieu par-devant les préfets, et sous-préfets, dans les chefs-lieux d'arrondissement.

Toutefois les préfets, sur la proposition des conservateurs, pourront permettre que les coupes dont l'évaluation n'excédera pas cinq cents francs soient adjugées au chef-lieu d'une des communes voisines des bois et sous la présidence du maire.

Les adjudications se feront, dans tous les cas, en présence des agens forestiers et des receveurs chargés du recouvrement des produits.

87. Les adjudications se feront aux enchères et à l'extinction des feux.

Avant l'ouverture des enchères, le conservateur ou l'agent forestier qui le remplacera pour l'adjudication, fera connaître au fonctionnaire qui présidera la vente le montant de l'estimation des coupes, et les feux ne seront allumés que lorsque les offres seront égales à l'estimation.

Si cependant les offres se rapprochaient de l'estimation, les feux pourraient être allumés sur la proposition de l'agent forestier.

88. Quant aux bois à couper par éclaircie, le directeur général pourra ordonner qu'ils soient exploités et façonnés pour le compte de l'Etat, et l'entreprise en sera adjugée au rabais.

Les bois façonnés seront vendus par lots dans la forme ordinaire des adjudications aux enchères, et à la charge par ceux qui s'en rendront adjudicataires, de payer le prix de l'abattage et de la façon desdits bois.

89. Lorsque, faute d'offres suffisantes, les adjudications n'auront pu avoir lieu, elles seront remises, séance tenante, au jour qui sera indiqué par le président, sur la proposition de l'agent forestier.

Le directeur général pourra, au surplus, autoriser le renvoi de l'adjudication à l'année suivante, et même ordonner, s'il y a lieu, et avec l'approbation de notre ministre des finances, que l'exploitation des coupes pour le compte de l'Etat et la vente des bois soient effectuées de la manière qui est autorisée par l'article précédent pour les exploitations par éclaircie.

90. Les frais à payer comptant par les adjudicataires seront réglés par le préfet, sur la proposition du conservateur, et l'état en sera affiché dans le lieu des séances, avant l'ouverture et pendant toute la durée de la séance d'adjudication.

91. Les procès-verbaux des adjudications seront signés sur-le-champ par tous les fonctionnaires présens et par l'adjudicataire ou son fondé de pouvoirs ; et dans le cas d'absence de ces derniers, ou s'ils ne veulent ou ne peuvent signer, il en sera fait mention au procès-verbal.

SECTION IV.

Des Exploitations.

92. Le permis d'exploiter sera délivré par l'agent forestier local chef de service, aussitôt que l'adjudicataire lui aura présenté les pièces justificatives exigées à cet effet par le cahier des charges.

93. Dans le mois qui suivra l'adjudication, pour tout délai, et avant que le permis d'exploiter soit

délivré, l'adjudicataire pourra exiger qu'il soit procédé contradictoirement avec lui ou son fondé de pouvoirs, au souchetage et à la reconnaissance des délits qui auraient été commis dans la vente ou à l'ouïe de la cognée.

Cette opération sera exécutée dans l'intérêt de l'Etat et sans frais par un agent forestier accompagné du garde du triage.

Le procès-verbal qui en sera dressé constatera le nombre des souches qui auront été trouvées, leur essence et leur grosseur. Il sera signé par l'adjudicataire ou son fondé de pouvoirs, ainsi que par l'agent et le garde forestier présent.

Les souches seront marquées du marteau de l'agent forestier.

94. Le facteur ou garde-vente de l'adjudicataire tiendra un registre sur papier timbré, coté et paraphé par l'agent forestier; il y inscrira, jour par jour et sans lacune, la mesure et la quantité des bois qu'il aura débités et vendus, ainsi que les noms des personnes auxquelles il les aura livrés.

95. Tout adjudicataire de coupes dans lesquelles il y aura des arbres à abattre sera tenu d'avoir un marteau dont la forme sera déterminée par l'administration, et d'en marquer les arbres et bois de charpente qui sortiront de la vente.

Le dépôt de l'empreinte de ce marteau au greffe du tribunal et chez l'agent forestier local devra être effectué dans le délai de dix jours, à dater de la délivrance du permis d'exploiter, sous les peines portées par l'article 32 du Code forestier. Il sera donné acte de ce dépôt à l'adjudicataire par l'agent forestier.

96. Les prorogations de délai de coupe ou de vidange ne pourront être accordées que par la direction générale des forêts.

Il n'en sera accordé qu'autant que les adjudicataires se soumettront d'avance à payer une indemnité calculée d'après le prix de la feuille et le dommage qui résultera du retard de la coupe ou de la vidange.

SECTION V.

Des Réarpentages et Récolemens.

97. Le réarpentage des coupes sera exécuté par un arpenteur autre que celui qui aura fait le premier mesurage, mais en présence de celui-ci, ou lui dûment appelé.

98. L'opération du récolement sera faite par deux agens au moins, et le garde du triage y sera appelé.

Les agens forestiers en dresseront un procès-verbal qui sera signé tant par eux et que par l'adjudicataire ou son fondé de pouvoirs.

99. Les préfets ne délivreront aux adjudicataires les décharges d'exploitation qu'après avoir pris l'avis des conservateurs.

SECTION VI.

Des Adjudications de glandée, panage et paisson, et des Ventes de chablis, de bois de délit, et autres menus marchés.

100. Le conservateur fera reconnaître, chaque année, par les agens forestiers locaux, les cantons des bois et forêts où des adjudications de glandée, panage et paisson pourront avoir lieu sans nuire au repeuplement et à la conservation des forêts. Il autorisera en conséquence ces adjudications.

101. Les gardes constateront le nombre, l'essence et la grosseur des arbres abattus ou rompus par les vents, les orages, ou tous autres accidens.

Ils en dresseront des procès-verbaux qu'ils remettront à leur chef immédiat dans les dix jours de la rédaction.

La reconnaissance de ces chablis sera faite sans délai par un agent forestier, qui les marquera de son marteau.

102. Les conservateurs autoriseront et feront effectuer les adjudications des chablis, ainsi que celles des bois provenant de délits, de recépages, d'élagages ou d'essartemens et qui n'auront pas été vendus sur pied, et généralement tous autres menus marchés.

103. Les arbres sur pied, quoique endommagés, ébranchés, morts ou dépérissans, ne pourront être abattus et vendus, même comme menus marchés, sans l'autorisation spéciale de notre ministre des finances.

104. Les adjudications mentionnées dans les articles 100, 102 et 103 ci-dessus seront effectuées avec les mêmes formalités que les adjudications des coupes ordinaires de bois.

SECTION VII.

Des Concessions à charge de repeuplement.

105. Lorsqu'au lieu d'opérer par adjudication à prix d'argent, ou par économie des semis ou plantations dans les forêts, l'administration jugera convenable d'en concéder temporairement les vides et clairières à charge de repeuplement, les agens forestiers procéderont d'abord à la reconnaissance des lieux, et le procès-verbal qu'ils en dresseront constatera le nombre, l'essence et les dimensions des arbres existans sur les terrains à concéder.

Le conservateur transmettra à la direction générale ce procès-verbal, avec ses observations, et un projet de cahier de charges spécial pour chaque concession, par lequel les concessionnaires devront particulièrement être assujettis aux dispositions des articles 34, 41, 42, 44 et 46 du Code forestier.

106. Le directeur général des forêts soumettra à notre ministre des finances les projets de concession avec toutes les pièces à l'appui.

107. Les concessions de cette nature ne pourront être effectuées que par voie d'adjudication publique, avec les mêmes formalités que les adjudications des coupes de bois.

108. La réception des travaux, la reconnaissance des lieux et le récolement seront effectués ; ainsi qu'il est prescrit par les articles 98 et 99 de la présente ordonnance pour le récolement des coupes de bois.

SECTION VIII.

Des Affectations à titre particulier dans les forêt de l'Etat.

109. Lorsque des délivrances en vertu d'affectations à titre particulier devront être faites par coupes ou par pieds d'arbres, les ayans-droit ne pourront en effectuer l'exploitation qu'après que la désignation et la délivrance leur en auront été faites régulièrement et par écrit par l'agent forestier chef de service.

Les opérations d'arpentage, de balivage et de martelage, ainsi que le réarpentage et le récolement, seront effectuées par les agens de l'administration forestière, de la même manière que pour les coupes des bois de l'Etat et avec les mêmes réserves.

Les possesseurs d'affectations se conformeront, pour l'exploitation des bois qui leur seront ainsi délivrés, à tout ce qui est prescrit aux adjudicataires des bois de l'État pour l'usance et la vidange des ventes.

110. Lorsque les délivrances devront être faites par stères, elles seront imposées comme charges aux adjudicataires des coupes, et les possesseurs d'affectations ne pourront enlever les bois auxquels ils auront droit qu'après que le comptage en aura été fait contradictoirement entre eux et l'adjudicataire, en présence de l'agent forestier local.

111. Lorsqu'il y aura lieu d'estimer la valeur des bois à délivrer aux affouagistes, il sera procédé à l'estimation par un agent forestier nommé par le préfet et un expert nommé par l'affouagiste ; en cas de partage, un troisième expert sera nommé par le président du tribunal.

SECTION IX.

Des Droits d'usage dans les bois de l'Etat.

112. Lorsqu'il y aura lieu d'affranchir les forêts de l'Etat des droits d'usage en bois au moyen d'un cantonnement, le conservateur en adressera la proposition au directeur général qui la soumettra à l'approbation de notre ministre des finances.

113. Le ministre des finances prescrira au préfet, s'il y a lieu, de procéder aux opérations préparatoires du cantonnement.

A cet effet, un agent forestier désigné par le conservateur, un expert choisi par le directeur des domaines, et un troisième expert nommé par le préfet, estimeront :

1° D'après les titres des usagers, les droits d'usage en bois, en indiquant par une somme fixe en argent la valeur représentative de ces divers droits, tant en bois de chauffage qu'en bois de construction ;

2° Les parties de bois à abandonner pour le cantonnement, dont ils feront connaître l'assiette, l'abornement, la contenance, l'essence dominante

et l'évaluation en fonds et en superficie, en distinguant le taillis de la futaie, et mentionnant les
claires-voies, s'il y en a ;

3° Les procès-verbaux indiqueront en outre les
routes, rivières ou canaux qui servent aux débouchés, et les villes ou usines à la consommation desquelles les bois sont employés.

La proposition de cantonnement, ainsi fixée
provisoirement, sera signifiée par le préfet à l'usager.

114. Si l'usager donne son consentement à cette
proposition, il sera passé entre le préfet et lui, et
sous la forme administrative, acte de l'engagement
pris par l'usager d'accepter sans nulle contestation
le cantonnement tel qu'il lui a été proposé, sauf
notre homologation.

Cet acte, avec toutes les pièces à l'appui, sera
transmis par le préfet à notre ministre des finances,
qui, après avoir pris l'avis des directions générales
des domaines et des forêts, soumettra le projet de
cantonnement à notre homologation.

115. Si l'usager refuse de consentir au cantonnement qui lui est proposé, et élève des réclamations, soit sur l'évaluation de ses droits d'usage,
soit sur l'assiette et la valeur du cantonnement,
le préfet en référera à notre ministre des finances,
lequel lui prescrira, s'il y a lieu, d'intenter action contre l'usager devant les tribunaux, conformément à l'article 63 du Code forestier.

116. Lorsqu'il y aura lieu d'effectuer le rachat
d'un droit d'usage quelconque, autre que l'usage
en bois, suivant la faculté accordée au Gouvernement par l'article 64 du Code forestier, il sera
procédé de la manière prescrite pour le cantonnement des usages en bois par les articles 112, 113,
114 et 115 ci-dessus.

Toutefois, si le droit d'usage appartient à une

commune, notre ministre des finances, avant de prononcer sur la proposition de l'administration forestière, la communiquera au préfet, lequel donnera des renseignemens précis et son avis motivé sur l'absolue nécessité de l'usage pour les habitans.

Lorsque le ministre aura prononcé, le préfet, avant de faire procéder à l'estimation préparatoire, notifiera la proposition de rachat au maire de la commune usagère, en lui prescrivant de faire délibérer le conseil municipal, pour qu'il exerce, s'il le juge à propos, le pourvoi qui lui est réservé par le § 2 de l'article 64 du Code forestier.

Le procès-verbal des experts ne contiendra que l'évaluation en argent des droits des usagers, d'après leurs titres.

117. En cas de contestation sur l'état et la possibilité des forêts et sur le refus d'admettre les animaux au pâturage et au panage dans certains cantons déclarés non défensables, le pourvoi contre les décisions rendues par les conseils de préfecture, en exécution des articles 65 et 67 du Code forestier, aura effet suspensif jusqu'à la décision rendue par nous en conseil d'État.

118. Les maires des communes et les particuliers jouissant du droit de pâturage ou de panage dans les forêts de l'Etat remettront annuellement à l'agent forestier local, avant le 31 décembre pour le pâturage, et avant le 31 juin pour le panage, l'état des bestiaux que chaque usager possède, avec la distinction de ceux qui servent à son propre usage et de ceux dont il fait commerce.

119. Chaque année, les agens forestiers locaux constateront par des procès-verbaux, d'après la nature, l'âge et la situation des bois, l'état des cantons qui pourront être délivrés pour le pâturage, la glandée et le panage dans les forêts sou-

mises à ces droits ; ils indiqueront le nombre des animaux qui pourront y être admis et les époques où l'exercice de ces droits d'usage pourra commencer et devra finir.

Les propositions des agens forestiers seront soumises à l'approbation du conservateur avant le 1er février pour le pâturage, et avant le 1er août pour le panage et la glandée.

120. Les pâtres des communes usagères seront choisis par le maire, et agréés par le conseil municipal.

121. Le dépôt du fer servant à la marque des animaux, et de l'empreinte de ce fer devra être effectué par l'usager, ainsi que le prescrit l'article 74 du Code forestier, avant l'époque fixée pour l'ouverture du pâturage ou du panage, sous les peines portées par cet article.

L'agent forestier local donnera acte de ce dépôt à l'usager.

122. Les bois de chauffage qui se délivrent par stère seront mis en charge sur les coupes adjugées, et fournis aux usagers par les adjudicataires, aux époques fixées par le cahier des charges.

Pour les communes usagères, la délivrance des bois de chauffage sera faite au maire, qui en fera effectuer le partage entre les habitans.

Lorsque les bois de chauffage se délivreront par coupes, l'entrepreneur de l'exploitation sera agréé par l'agent forestier local.

123. Aucune délivrance de bois pour constructions ou réparations ne sera faite aux usagers que sur la présentation de devis dressés par des gens de l'art et constatant les besoins.

Ces devis seront remis, avant le 1er février de chaque année, à l'agent forestier local qui en donnera reçu ; et le conservateur, après avoir fait effectuer les vérifications qu'il jugera nécessaires,

adressera l'état de toutes les demandes de cette nature au directeur général, en même temps que
l'état général des coupes ordinaires, pour être re-
vêtu de son approbation.

La délivrance de ces bois sera mise en charge sur
les coupes en adjudication, et sera faite à l'usager
par l'adjudicataire à l'époque fixée par le cahier
des charges.

Dans le cas d'urgence constatée par le maire de
la commune, la délivrance pourra être faite en
vertu d'un arrêté du préfet rendu sur l'avis du
conservateur. L'abattage et le façonnage des arbres
auront lieu aux frais de l'usager, et les branchages
seront vendus comme menus marchés.

TITRE III.

Des Bois et Forêts qui font partie du domaine de la couronne.

124. Toutes les dispositions de la présente ordonnance concernant les forêts de l'Etat, seront applicables aux bois et forêts de la couronne, sauf
les exceptions qui résultent du titre IV du Code
forestier.

TITRE IV.

Des Bois et Forêts qui sont possédés par les Princes à titre d'apanage, et par des particuliers à titre de majorats réversibles à l'Etat.

125. Toutes les dispositions des 1re et 2e sections du titre II de la présente ordonnance relativement à la délimitation, au bornage et à l'aménagement des forêts de l'Etat, à l'exception de
l'article 68, sont applicables aux bois et forêts qui
sont possédés par les Princes à titre d'apanage, ou

par des particuliers à titre de majorats réversibles
à l'Etat.

126. Les possesseurs auront droit d'intervenir
comme parties intéressées dans tous débats et actions relativement à la propriété.

127. Les visites que l'article 89 du Code forestier prescrit à l'administration de faire faire dans
ces bois et forêts, auront pour objet de vérifier s'ils
sont régis et administrés conformément aux dispositions de ce Code, aux titres constitutifs des apa-
nages ou majorats, et aux états ou procès-verbaux
qui ont été ou seront dressés en exécution de ces
titres.

Ces visites ne seront faites que par des agens forestiers qui seront désignés par le conservateur
local ou par le directeur général des forêts. Elles
auront lieu au moins une fois par an.

Les agens dresseront des procès-verbaux du résultat de leurs visites, et remettront ces procès-
verbaux au conservateur, qui les transmettra sans
délai, avec ses observations, au directeur général
des forêts.

TITRE V.

Des Bois des communes et des établissemens publics.

128. L'administration forestière dressera incessamment un état général des bois appartenant à des
communes ou établissemens publics, et qui doivent être soumis au régime forestier, aux termes
des articles 1er et 90 du Code, comme étant susceptibles d'aménagement ou d'une exploitation régulière.

S'il y a contestation à ce sujet de la part des
communes ou établissemens propriétaires, la vérification de l'état des bois sera faite par les agens

forestiers, contradictoirement avec les maires ou administrateurs.

Le procès-verbal de cette vérification sera envoyé par le conservateur au préfet, qui fera délibérer les conseils municipaux des communes ou les administrateurs des établissemens propriétaires, et transmettra le tout, avec son avis, à notre ministre des finances, sur le rapport duquel il sera statué par nous.

129. Lorsqu'il y aura lieu d'opérer la délimitation des bois des communes et des établissemens publics, il sera procédé de la manière prescrite par la 1re section du titre II de la présente ordonnance pour la délimitation et le bornage des forêts de l'Etat, sauf les modifications des articles suivans.

130. Dans les cas prévus par les articles 58 et 59, les préfets, avant de nommer les agens forestiers chargés d'opérer comme experts dans l'intérêt des communes ou établissemens propriétaires, prendra l'avis des conservateurs des forêts et celui des maires et administrateurs.

131. Le maire de la commune, ou l'un des administrateurs de l'établissement propriétaire, aura droit d'assister à toutes les opérations, conjointement avec l'agent forestier nommé par le préfet. Ses dires, observations et oppositions seront exactement consignés au procès-verbal.

Le conseil municipal ou les administrateurs seront appelés à délibérer sur les résultats du procès-verbal avant qu'il soit soumis à notre homologation.

132. Lorsqu'il s'élevera des contestation ou des oppositions, les communes ou établissemens propriétaires seront autorisés à intenter action ou à défendre, s'il y a lieu, et les actions seront suivies par les maires ou administrateurs, dans la forme ordinaire.

133. L'état des frais de délimitation et de bornage, dressé par le conservateur et visé par le préfet, sera remis au receveur de la commune ou de l'établissement propriétaire, qui percevra le montant des sommes mises à la charge des riverains, et, en cas de refus, en poursuivra le paiement par toutes les voies de droit, au profit et pour le compte de ceux à qui ces frais seront dus.

134. Toutes les dispositions des 2ᵉ, 3ᵉ, 4ᵉ, 5ᵉ et 6ᵉ sections du titre II de la présente ordonnance sont applicables aux bois des communes et des établissemens publics, à l'exception des articles 68 et 88, et sauf les modifications qui résultent du titre VI du Code forestier et des dispositions du présent titre.

135. Nos ordonnances d'aménagement ne seront rendues qu'après que les conseils municipaux ou les administrateurs des établissemens propriétaires auront été consultés sur les propositions d'aménagement, et que les préfets auront donné leur avis.

136. Les mêmes formalités seront observées lorsqu'il s'agira de faire effectuer des travaux extraordinaires, tels que recépages, repeuplemens, clôtures, routes, constructions de loges pour les gardes, et autres travaux d'amélioration.

Si les communes ou établissemens propriétaires n'élèvent aucune objection contre les travaux projetés, ces travaux pourront être autorisés par le préfet sur la proposition du conservateur. Dans le cas contraire, il sera statué par nous sur le rapport de notre ministre des finances.

137. Dans les coupes des bois des communes et des établissemens publics, la réserve prescrite par l'article 70 de la présente ordonnance sera de quarante baliveaux au moins et de cinquante au plus par hectare.

Lors de la coupe des quarts en réserve, le nombre des arbres à conserver sera de soixante au moins et de cent au plus par hectare.

138. Les indemnités que les adjudicataires des bois de communes et des établissemens publics devront payer, en exécution de l'article 96 de la présente ordonnance, lorsqu'il leur sera accordé des délais de coupe et de vidange, seront versées dans les caisses des receveurs des communes ou établissemens propriétaires.

139. Il ne pourra être fait, dans les bois des communes et des établissemens publics, aucune adjudication de glandée, panage ou paisson, qu'en vertu d'autorisation spéciale du préfet, qui devra consulter à ce sujet les communes ou établissemens propriétaires et prendre l'avis de l'agent forestier local.

140. Hors le cas de dépérissement des quarts en réserve, l'autorisation de les couper ne sera accordée que pour cause de nécessité bien constatée, et à défaut d'autres moyens d'y pourvoir.

Les demandes de cette nature appuyées de l'avis des préfets, ne nous seront soumises par notre ministre des finances qu'après avoir été par lui communiquées à notre ministre de l'intérieur.

141. Les communes qui ne sont pas dans l'usage d'employer la totalité des bois de leurs coupes à leur propre consommation, feront connaître, à l'agent forestier local la quantité de bois qui leur sera nécessaire, tant pour chauffage que pour construction et réparations, et il en sera fait délivrance, soit par l'adjudicataire de la coupe, soit au moyen d'une réserve sur cette coupe; le tout conformément à leur demande et aux clauses du cahier des charges de l'adjudication.

142. Les administrateurs des établissemens publics donneront chaque année un état des quan-

tités de bois , tant de chauffage que de construction dont ces établissemens auront besoin. Cet état sera visé par le sous-préfet, et transmis par lui à l'agent forestier local.

Les quantités de bois ainsi déterminées seront mises en charge lors de la vente des coupes , et délivrées à l'établissement par l'adjudicataire, aux époques qui seront fixées par le cahier des charges.

143. Lorsqu'il y aura lieu à l'expertise prévue par l'article 105 du Code forestier, cette expertise sera faite dans le procès-verbal même de la délivrance , par le maire de la commune ou son délégué , par l'agent forestier et par un expert au choix de la partie prenante.

Le procès-verbal sera remis au receveur municipal par l'agent forestier.

144. Dans le cas prévu par le § 2 de l'article 109 du Code , le préfet, sur les propositions de l'agent forestier local et du maire de la commune, déterminera la portion de coupe affouagère qui devra être vendue aux enchères pour acquitter les frais de garde , la contribution foncière et l'indemnité attribuée au trésor par l'article 106 du Code.

Le produit de cette vente sera versé dans la caisse du receveur municipal pour être employé à l'acquittement de ces charges.

145. Lorsqu'il y aura lieu d'user de la faculté accordée par le Code forestier aux communes et aux établissemens publics, d'affranchir leurs bois de droits d'usage , le conseil municipal ou les administrateurs de la commune ou de l'établissement propriétaire seront d'abord consultés sur la convenance et l'utilité soit du cantonnement, soit du rachat, et le préfet soumettra leur délibération, avec les observations de l'agent forestier et son propre avis en forme d'arrêté, à notre ministre des finances, qui nous soumettra un projet d'or-

donnance, après s'être concerté avec notre ministre de l'intérieur.

Il sera ensuite procédé de la manière prescrite par les articles 113 , 114 et 116 de la présente ordonnance ; mais le second expert, au lieu d'être nommé par le directeur des domaines, sera choisi par le maire, sauf l'approbation du conseil municipal, ou par les administrateurs de l'établissement.

S'il s'élève des contestations, il sera procédé conformément à l'article 115 de la présente ordonnance. Toutefois les actions seront suivies devant les tribunaux par le maire ou les administrateurs, suivant les formes prescrites par les lois.

146. Toutes les dispositions de la section ix du titre ii de la présente ordonnance, sur l'exercice des droits d'usage dans les bois de l'Etat, sont applicables à la jouissance des communes et des établissemens publics dans leurs propres bois, sauf les modifications qui résultent du présent titre, et a l'exception des articles 121 et 123.

TITRE VI.

Des Bois indivis qui sont soumis au régime forestier.

147. En exécution des articles 1er et 113 du Code forestier, toutes les dispositions de la présente ordonnance relatives aux forêts de l'Etat sont applicables aux bois dans lesquels l'Etat a des droits de propriété indivis, soit avec des communes ou des établissemens publics, soit avec des particuliers.

Ces dispositions sont également applicables aux bois indivis entre le domaine de la couronne et les particuliers, sauf les modifications qui résultent du titre IV du Code forestier et du titre III de la présente ordonnance.

Quant aux bois indivis entre des communes ou des établissemens publics et les particuliers , ils seront régis conformément aux dispositions du titre VI du Code forestier et du titre V de la présente ordonnance.

148. Lorsqu'il y aura lieu d'effectuer des travaux extraordinaires pour l'amélioration des bois indivis, le conservateur communiquera aux co-propriétaires les propositions et projets de travaux.

149. L'administration des forêts soumettra incessamment à notre ministre des finances le relevé de tous les bois indivis entre l'Etat et d'autres propriétaires, et indiquant quels sont ceux dont le partage peut être effectué sans inconvénient.

Notre ministre des finances décidera s'il y a lieu de provoquer le partage, et l'action sera , en conséquence, intentée et suivie conformément au droit commun et dans les formes ordinaires.

Lorsque les parties auront à nommer des experts, ces experts seront nommés :

Dans l'intérêt de l'Etat, par le préfet, sur la proposition du directeur des domaines, qui devra se concerter à ce sujet avec le conservateur, pour désigner un agent forestier ;

Dans l'intérêt des communes, par le maire, sauf l'approbation du conseil municipal ;

Dans l'intérêt des établissemens publics, par les administrateurs de ces établissemens.

TITRE VII.

Des Bois des particuliers.

150. Les gardes des bois des particuliers ne seront admis à prêter serment qu'après que leurs

commissions auront été visées par le sous-préfet de l'arrondissement.

Si le sous-préfet croit devoir refuser son visa, il en rendra compte au préfet, en lui indiquant les motifs de son refus.

Ces commissions seront inscrites dans les sous-préfectures, sur un registre où seront relatés les noms et demeures des propriétaires et des gardes, ainsi que la désignation et la situation des bois.

151. Lorsque les propriétaires et les usagers seront dans le cas de requérir l'intervention d'un agent forestier pour visiter les bois des particuliers, à l'effet d'en constater l'état et la possibilité ou de déclarer s'ils sont défensables, ils en adresseront la demande au conservateur, qui désignera un agent forestier pour procéder à cette visite.

L'agent forestier ainsi désigné dressera procès-verbal de ses opérations, en énonçant toutes les circonstances sur lesquelles sa déclaration sera fondée.

Il déposera ce procès-verbal à la sous-préfecture, où les parties pourront en réclamer des expéditions.

TITRE VIII.

Des Affectations spéciales de bois à des services publics.

SECTION Ire.

Des bois destinés au service de la Marine.

152. Dans les bois dont la régie est confiée à l'administration forestière, aussitôt après la désignation et l'assiette des coupes ordinaires ou extraordinaires, le conservateur en adressera l'état au directeur ou au sous-directeur de la marine.

Dès que le balivage et le martelage des coupes auront été effectués, les agens forestiers chefs de service dans chaque inspection en donneront avis aux ingénieurs, maîtres ou contre-maîtres de la marine, qui procéderont immédiatement à la recherche et au martelage des bois propres au service de la marine royale.

Outre l'expédition des procès-verbaux de martelage que les agens de la marine doivent, aux termes de l'article 126 du Code forestier, faire viser par le maire et déposer à la mairie de la commune où le martelage aura eu lieu, ils en remettront immédiatement une seconde expédition aux agens forestiers chefs de service.

Le résultat des opérations des agens de la marine sera toujours porté sur les affiches des ventes, et tout martelage effectué ou signifié aux agens forestiers après l'apposition des affiches, sera considéré comme nul.

153. Quant aux arbres épars qui devront être abattus sur les propriétés des communes ou des établissemens publics non soumises au régime forestier, les maires et administrateurs en feront la déclaration telle qu'elle est prescrite par les articles 124 et 125 du Code forestier.

154. Les déclarations prescrites par l'article 125 du Code indiqueront l'arrondissement, le canton et la commune de la situation des bois, les noms et demeures des propriétaires, le nom du bois et sa contenance, la situation et l'étendue du terrain sur lequel se trouveront les arbres, le nombre et les espèces d'arbres qu'on se proposera d'abattre et leur grosseur approximative;

Elles seront faites et déposées à la sous-préfecture, en double minute, dont l'une, visée par le sous-préfet, sera remise au déclarant.

Les sous-préfets qui auront reçu les déclara-

tions les feront enregistrer, les transmettront immédiatement au directeur du service forestier de
la marine, et en donneront avis à l'agent forestier
local.

155. Dès que les déclarations leur seront parve-
nues, les agens de la marine procéderont à la reconnaissance et au martelage des arbres propres
aux constructions navales, et se conformeront
exactement aux dispositions de l'article 126 du
Code forestier, pour les procès-verbaux qu'ils doivent dresser de cette opération.

156. Les arbres qui auront été marqués pour le
service de la marine devront être abattus du 1er
octobre au 1er avril.

La notification de l'abattage de ces arbres sera
faite à la sous-préfecture et transmise aux agens
de la marine, de la manière qui est prescrite par
l'article 154 ci-dessus, pour les déclarations de
volonté d'abattre.

157. Dès que la notification de l'abattage leur
sera parvenue, les agens de la marine feront la
visite des arbres abattus, et en dresseront un procès-verbal, dont ils déposeront une copie à la mairie
de la commune où les bois sont situés.

158. Les arbres qui auront été marqués pour le
service de la marine dans les bois soumis au régime forestier, comme sur toute propriété privée,
seront livrés en grume et en forêt; mais les adjudicataires ou propriétaires pourront traiter de
gré à gré avec les agens de la marine, relativement
au mode de livraison des bois, à leur écarrissage
et à leur transport sur les ports flottables ou autres
lieux de dépôt.

159. Dans les cas prévus par l'article 131 du
Code forestier, le maire, sur la réquisition du
propriétaire des arbres sujets à déclaration pour
le service de la marine, constatera par un pro-

(109)

cès-verbal le nombre d'arbres dont ce propriétaire aura réellement besoin pour constructions ou réparations, l'âge et les dimensions de ces arbres ;

Ce procès-verbal sera déposé à la sous-préfecture et transmis aux agens de la marine, de la manière qui est prescrite par l'article 154 de la présente ordonnance, pour les déclarations de volonté d'abattre.

160. Les procès-verbaux que les agens de la marine sont autorisés, par l'article 134 du Code, à dresser pour constater les délits et les contraventions concernant le service de la marine, seront remis par eux, dans le délai prescrit par les articles 15 et 18 du Code d'instruction criminelle, aux agens forestiers chargés de la poursuite devant les tribunaux.

161. Notre ministre de la marine présentera incessamment à notre approbation l'état des départemens, arrondissemens et cantons qui ne seront point soumis à l'exercice du droit de martelage pour les constructions navales : cet état, approuvé par nous, sera inséré au Bulletin des lois.

Les mêmes formalités seront observées lorsqu'il y aura lieu d'assujettir de nouveau à l'exercice du droit de martelage l'un des départemens, arrondissemens ou cantons qui auront été ainsi affranchis. Nos ordonnances à ce sujet seront toujours publiées avant le 1er mars pour l'ordinaire suivant.

SECTION II.

Des Bois destinés au service des ponts et chaussées, pour le fascinage du Rhin.

162. Chaque année, avant le 1er août, le conservateur fournira aux préfets des départemens du Haut et du Bas-Rhin un tableau des coupes des

bois de l'Etat, des communes et des établissemens publics qui devront avoir lieu dans ces départemens, sur les rives et à la distance de cinq kilomètres du fleuve.

Ce tableau, divisé en deux parties, dont l'une comprendra les bois de l'Etat, et l'autre ceux des communes et des établissemens publics, indiquera la situation de chaque coupe et les ressources qu'elle pourra produire pour les travaux d'endigage et de fascinage.

163. Les déclarations prescrites aux propriétaires par l'article 137 du Code forestier, seront faites dans les formes et de la manière qui sont déterminées par l'article 154 de la présente ordonnance pour le service de la marine ;

Elles seront transmises immédiatement au préfet par les sous-préfets.

164. Le préfet, sur le rapport des ingénieurs des ponts et chaussées constatant l'urgence, prendra un arrêté pour désigner, à proximité du lieu où le danger se manifestera, les propriétés où seront coupés les bois nécessaires pour les travaux.

Il adressera cet arrêté à l'agent forestier supérieur de l'arrondissement et à l'ingénieur en chef des ponts et chaussées.

165. Lorsque la réquisition portera sur des bois régis par l'administration forestière, les agens forestiers locaux procéderont sur-le-champ, et dans les formes ordinaires, à la désignation du canton où la coupe devra être faite et aux opérations de balivage et de martelage.

Lorsque les bois sur lesquels frappera la réquisition appartiendront à des particuliers, l'agent forestier en fera faire, par un garde, la signification au propriétaire.

166. La déclaration à laquelle est tenu, en vertu de l'art. 140 du Code forestier, le propriétaire

qui préférera exploiter lui-même les bois requis , sera faite à la sous-préfecture , et dans les formes qui sont prescrites pour les déclarations de volonté d'abattre , par l'article 145 de la présente ordonnance.

Le sous-préfet en donnera avis immédiatement au préfet et à l'ingénieur des ponts et chaussées chargé de l'exécution des travaux.

167. Dans le cas d'urgence prévu par l'art. 138 du Code forestier , le propriétaire qui , pour des besoins personnels , serait obligé de faire couper sans délai des bois soumis à la déclaration , devra faire constater l'urgence de la manière qui est prescrite par l'article 159 de la présente ordonnance.

Le procès-verbal sera transmis au préfet par le sous-préfet.

168. Pour l'exécution des dispositions de l'article 141 du Code forestier , l'abattage des bois requis sera constaté : dans les bois régis par l'administration forestière , par un procès-verbal d'un agent forestier ; et dans les autres bois, par un procès-verbal dressé par le maire de la commune.

Lorsqu'il y aura lieu de nommer des experts pour la fixation des indemnités, l'expert, dans l'intérêt de l'administration des ponts et chaussées, sera nommé par le préfet.

Les ingénieurs des ponts et chaussées ne délivreront aux entrepreneurs des travaux le certificat à fin de paiement pour solde, qu'autant qu'ils justifieront avoir entièrement payé les sommes mises à leur charge pour le prix des bois requis et livrés.

TITRE IX.

Police et Conservation des bois et forêts qui sont régis par l'administration forestière.

169. Dans les bois et forêts qui sont régis par l'administration forestière, l'extraction de productions quelconques du sol forestier ne pourra avoir lieu qu'en vertu d'une autorisation formelle délivrée par le directeur général des forêts, s'il s'agit des bois de l'Etat; et s'il s'agit de ceux des communes et des établissemens publics, par les maires ou administrateurs des communes ou établissemens propriétaires, sauf l'approbation du directeur-général des forêts, qui, dans tous les cas, règlera les conditions et le mode d'extraction.

Quant au prix, il sera fixé, pour les bois de l'Etat, par le directeur-général des forêts; et pour les bois des communes et des établissemens publics, par le préfet, sur les propositions des maires ou administrateurs.

170. Lorsque les extractions de matériaux auront pour objet des travaux publics, les ingénieurs des ponts et chaussées, avant de dresser le cahier des charges des travaux, désigneront à l'agent forestier supérieur de l'arrondissement les lieux où ces extractions devront être faites.

Les agens forestiers, de concert avec les ingénieurs ou conducteurs des ponts et chaussées, procéderont à la reconnaissance des lieux, détermineront les limites du terrain où l'extraction pourra être effectuée, le nombre, l'espèce et les dimensions des arbres dont elle pourra nécessiter l'abattage, et désigneront les chemins à suivre pour le transport des matériaux. En cas de contestation sur ces divers objets, il sera statué par le préfet.

171. Les diverses clauses et conditions qui devront, en conséquence des dispositions de l'article précédent, être imposées aux entrepreneurs, tant pour le mode d'extraction que pour le rétablissement des lieux en bon état, seront rédigées par les agens forestiers, et remises par eux au préfet, qui les fera insérer au cahier des charges des travaux.

172. L'évaluation des indemnités dues à raison de l'occupation ou de la fouille des terrains, et des dégâts causés par l'extraction, sera faite conformément aux articles 55 et 56 de la loi du 16 septembre 1807.

L'agent forestier supérieur de l'arrondissement remplira les fonctions d'expert dans l'intérêt de l'Etat; et les experts dans l'intérêt des communes ou des établissemens publics seront nommés par les maires ou les administrateurs.

173. Les agens forestiers et les ingénieurs et conducteurs des ponts et chaussées sont expressément chargés de veiller à ce que les entrepreneurs n'emploient pas les matériaux provenant des extractions à d'autres travaux que ceux pour lesquels elles auront été autorisées.

Les agens forestiers exerceront contre les contrevenans toutes poursuites de droit.

174. Les arbres et portions de bois qu'il serait indispensable d'abattre pour effectuer les extractions seront vendus comme menus marchés, sur l'autorisation du conservateur.

175. Les réclamations qui pourront s'élever relativement à l'exécution des travaux d'extraction et à l'évaluation des indemnités, seront soumises aux conseils de préfecture, conformément à l'article 4 de la loi du 17 février 1800 (28 pluviôse an 8).

176. Quand les arbres de lisière qui ont actuellement plus de 30 ans auront été abattus, les arbres qui les remplaceront devront être élagués,

8

conformément à l'article 572 du code civil, lorsque l'élagage en sera requis par les riverains.

Les plantations ou réserves destinées à remplacer les arbres actuels de lisière, seront effectuées en arrière de la ligne de délimitation des forêts, à la distance prescrite par l'article 671 du Code civil.

177. Les établissemens et constructions mentionnés dans les articles 151, 152, 153, 154 et 155 du Code forestier, ne pourront être autorisées que par nos ordonnances spéciales.

Lorsqu'il s'agira des fours à chaux ou à plâtre, des briqueteries et des tuileries dont il est fait mention en l'article 151 de ce Code, il sera d'abord statué par nous sur la demande d'autorisation, sans préjudice des droits des tiers et des oppositions qui pourraient s'élever. Il sera ensuite procédé suivant les formes prescrites par le décret du 15 octobre 1810, et par nos ordonnances des 14 janvier 1815 et 29 juillet 1818.

178. Les demandes à fin d'autorisation pour construction de maisons ou fermes, en exécution des §§ 1er et 2 de l'article 153 du Code, seront remises à l'agent forestier supérieur de l'arrondissement, en double minute, dont l'une, revêtue du visa de cet agent, sera rendue au déclarant.

179. Dans le délai de six mois, à dater de la publication de la présente ordonnance, les propriétaires des usines et constructions mentionnées dans les articles 151, 152 et 155 du Code forestier, et non compris dans les dispositions exceptionnelles de l'article 156 du même Code, seront tenus de remettre aux conservateurs les titres en vertu desquels ces usines ou constructions ont été établies.

Les conservateurs adresseront ces titres avec leurs observations à la direction générale des forêts, qui les soumettra à notre ministre des finances.

Si les propriétaires ne font pas le dépôt de leurs titres dans le délai ci-dessus fixé, ou si les titres ne justifient pas suffisamment de leurs droits, l'administration forestière poursuivra la démolition de leurs usines et constructions en vertu des lois et règlemens antérieurs à la publication du Code forestier, ainsi qu'il est prescrit par le § 2 de l'art. 218 de ce Code.

180. Les possesseurs des scieries dont il est fait mention en l'article 155 du Code forestier, seront tenus, chaque fois qu'ils voudront faire transporter dans ces scieries, ou dans les bâtimens et enclos qui en dépendent, des arbres, billes ou tronces, d'en remettre à l'agent forestier local une déclaration détaillée, en indiquant de quelles propriétés ces bois proviennent.

Ces déclarations énonceront le nombre et le lieu de dépôt des bois : elles seront faites en double minute, dont une sera visée et remise au déclarant par l'agent forestier, qui en tiendra un registre spécial.

Les arbres, billes ou tronces seront marqués, sans frais, par le garde forestier du canton ou par un des agens forestiers locaux, dans le délai de cinq jours après la déclaration.

TITRE X.

Des Poursuites exercées au nom de l'administration forestière.

181. Les agens et les gardes dresseront, jour par jour, des procès-verbaux des délits et contraventions qu'ils auront reconnus.

Ils se conformeront, pour la rédaction et la remise de ces procès-verbaux, aux articles 16 et 18 du Code d'instruction criminelle.

182. Dans le cas où les officiers de police judiciaire désignés dans l'article 161 du Code forestier refuseraient, après avoir été légalement requis, d'accompagner les gardes dans leurs visites et perquisitions, les gardes rédigeront procès-verbal du refus, et adresseront sur-le-champ ce procès-verbal à l'agent forestier, qui en rendra compte à notre procureur près le tribunal de première instance.

Il en sera de même dans le cas où l'un des fonctionnaires dénommés dans l'article 165 du même Code aurait négligé ou refusé de recevoir l'affirmation des procès-verbaux dans le délai prescrit par la loi.

183. Lorsque les procès - verbaux porteront saisie, l'expédition qui, aux termes de l'article 167 du Code forestier, doit en être déposée au greffe de la justice de paix dans les vingt-quatre heures après l'affirmation, sera signée et remise par l'agent ou le garde qui aura dressé le procès-verbal.

184. Lorsque le juge de paix aura accordé la main-levée provisoire des objets saisis, il en donnera avis à l'agent forestier local.

185. Aux audiences tenues dans nos cours et tribunaux pour le jugement des délits et contraventions poursuivis à la requête de la direction générale des forêts, l'agent chargé de la poursuite aura une place particulière à la suite du parquet de nos procureurs et de leurs substituts. Il y assistera en uniforme et se tiendra découvert pendant l'audience.

186. Les agens forestiers dresseront, pour le ressort de chaque tribunal de police correctionnelle et au commencement de chaque trimestre,

un mémoire , en triple expédition , des citations et significations faites par les gardes pendant le trimestre précédent; cet état sera rendu exécutoire, visé et ordonnancé conformément au règlement du 18 juin 1811.

187. A la fin de chaque trimestre , les conservateurs adresseront au directeur général des forêts un état des jugemens et arrêts rendus à la requête de l'administration forestière , avec une indication sommaire de la situation des poursuites intentées et sur lesquelles il n'aura pas encore été statué.

TITRE XI.

De l'Exécution des jugemens rendus à la requéte de l'administration forestière ou du ministère public.

188. Les extraits des jugemens par défaut seront remis par les greffiers de nos cours et tribunaux aux agens forestiers, dans les trois jours après celui où les jugemens auront été prononcés.

L'agent forestier supérieur de l'arrondissement les fera signifier immédiatement aux condamnés , et remettra en même temps au receveur des domaines un état indiquant les noms des condamnés, la date de la signification des jugemens, et le montant des condamnations , amendes , dommages-intérêts et frais.

Quinze jours après la signification du jugement, l'agent forestier remettra les originaux des exploits de signification au receveur des domaines, qui procédera alors contre les condamnés , conformément aux dispositions de l'article 211 du Code forestier.

Si , durant ce délai , le condamné interjette ap-

pel ou forme opposition , l'agent forestier en donnera avis au receveur.

189. Quant aux jugemens contradictoires, lorsqu'il n'aura été fait par les condamnés aucune
déclaration d'appel, les greffiers en remettront
l'extrait directement aux receveurs des domaines
dix jours après celui où le jugement aura été prononcé, et les receveurs procéderont contre les condamnés conformément aux dispositions de l'article 211 du Code forestier.

L'extrait des arrêts ou jugemens rendus sur appel sera remis directement aux receveurs des domaines par les greffiers de nos cours et tribunaux
d'appel quatre jours après celui où le jugement
aura été prononcé , si le condamné ne s'est point
pourvu en cassation.

190. A la fin de chaque trimestre , les direc-
teurs des domaines remettront au directeur général de l'enregistrement et des domaines un état
indiquant les recouvremens effectués en exécution
des jugemens correctionnels en matière forestière,
et les condamnations pécuniaires tombées en non-
valeur par suite de l'insolvabilité des condamnés.

ART. 191. Les condamnés qui, en raison de leur
insolvabilité, invoqueront l'application de l'article 213 du Code forestier, présenteront leur requête, accompagnée des pièces justificatives prescrites par l'article 420 du Code d'instruction criminelle, à nos procureurs, qui ordonneront, s'il
y a lieu, que les condamnés soient mis en liberté
à l'expiration des délais fixés par l'article 213 du
Code forestier , et en donneront avis aux receveurs
des domaines.

TITRE XII.

Dispositions transitoires sur le défrichement des bois.

192. Les déclarations prescrites par l'article 219 du Code forestier indiqueront le nom, la situation et l'étendue des bois que les particuliers se proposeront de défricher. Elles seront faites en double minute, et remises à la sous-préfecture, où il en sera tenu registre.

L'une des minutes, visée par le sous-préfet, sera rendue au déclarant, et l'autre sera transmise par le sous-préfet à l'agent supérieur de l'arrondissement.

193. L'agent forestier procédera à la reconnaissance de l'état et de la situation des bois, et en dresser a un procès-verbal, auquel il joindra un rapport détaillé indiquant les motifs d'intérêt public qui seraient de nature à influer sur la détermination à prendre à cet égard. Il remettra le tout, sans délai, au conservateur, avec la déclaration du propriétaire.

194. Si le conservateur estime que le bois ne doit pas être défriché, il fera signifier au propriétaire une opposition au défrichement, et en référera au préfet, en lui transmettant les pièces avec ses observations.

Dans le cas contraire, le conservateur en référera, sans délai, au directeur général des forêts, qui en rendra compte à notre ministre des finances.

195. Le préfet statuera sur l'opposition, dans le délai d'un mois, par un arrêté énonçant les motifs de sa décision.

Dans le délai de huit jours, le préfet fera signifier cet arrêté à l'agent forestier supérieur de l'arrondissement, ainsi qu'au propriétaire des bois, et le soumettra, avec les pièces à l'appui, à notre ministre des finances, qui rendra et fera signifier au propriétaire sa décision définitive dans les six mois, à dater du jour de la signification de l'opposition.

196. Lorsque des maires et adjoints auront dressé des procès-verbaux pour constater des défrichemens effectués en contravention au titre XV du Code forestier, ils seront tenus, indépendamment de la remise qu'ils en doivent faire à nos procureurs, d'en adresser une copie certifiée à l'agent forestier local.

197. Nos ministres secrétaires d'Etat aux départemens de la justice, de l'intérieur, de la marine et des finances, sont chargés, chacun en ce qui le concerne, de l'exécution de la présente ordonnance, qui sera insérée au Bulletin des lois.

Donné à Paris, en notre château de Saint-Cloud, le 1ᵉʳ jour du mois d'août, l'an de grâce 1827, et de notre règne le troisième.

CHARLES.

Par le Roi :

Le ministre secrétaire d'Etat au département des finances,
JH. DE VILLÈLE.

Tableau *de la Division territoriale du Royaume en vingt Conservations forestières, indiquant les Chefs-lieux et les Départemens qui forment chaque Conservation.*

NUMÉROS et chefs-lieux des conservations.	DÉPARTEMENS	NUMÉROS et chefs-lieux des conservations.	DÉPARTEMENS.
1re Paris.	Eure-et Loir. Loiret. Oise. Seine. Seine-et-Marne. Seine-et-Oise.	12e Toulouse.	Arriége. Aude. Garonne (Haute). Pyrénées-Orientales. Tarn. Tarn-et-Garonne.
2e Troyes.	Aube. Marne (Haute). Yonne.	13e Grenoble.	Ain. Alpes (Hautes). Drôme. Isère. Loire. Rhône.
3e Rouen.	Calvados. Eure. Manche. Seine-Inférieure.	14e Rennes.	Côtes-du-Nord. Finistère. Ille-et-Vilaine. Loire-Inférieure. Morbihan.
4e Douai.	Aisne. Nord. Pas-de-Calais. Somme.	15e Clermont.	Cantal. Corrèze. Creuse. Loire (Haute). Puy-de-Dôme. Vienne (Haute).
5e Châlons.	Ardennes. Marne. Meuse.	16e Bordeaux.	Dordogne. Gironde. Lot. Lot-et-Garonne.
6e Nancy.	Meurthe. Moselle. Vosges.	17e Pau.	Gers. Landes. Pyrénées (Basses). Pyrénées (Hautes).
7e Colmar.	Doubs. Rhin (Bas). Rhin (Haut).	18e Nîmes.	Ardèche. Aveyron. Gard. Hérault. Lozère.
8e Dijon.	Côte d'Or. Jura. Saone (Haute) Saone-et-Loire.	19e Aix.	Alpes (Basses). Bouches-du-Rhône. Var. Vaucluse.
9e Bourges.	Allier. Cher. Indre. Nièvre.	20e Bastia.	Corse (Ile de).
10e Niort.	Charente. Charente-Inférieure. Sèvres (Deux) Vendée. Vienne.		
11e Le Mans.	Indre-et-Loire. Loir-et-Cher. Maine-et-Loire. Mayenne. Orne. Sarthe.		

TABLE DES MATIÈRES

DU

CODE FORESTIER.

TABLE DES MATIÈRES

DE L'ORDONNANCE DU ROI

POUR L'EXÉCUTION DU CODE FORESTIER.

TITRE PREMIER.

TITRE II.

TITRE X.

TITRE XI.

TITRE XII.

FIN.

www.ingramcontent.com/pod-product-compliance
Ingram Content Group UK Ltd.
Pitfield, Milton Keynes, MK11 3LW, UK
UKHW022044070726
13613UKWH00002B/673